AF385683

FACULTÉ DE DROIT DE PARIS

DE LA PUISSANCE PATERNELLE
RELATIVEMENT A LA PERSONNE DE L'ENFANT
EN DROIT ROMAIN

DE LA PUISSANCE PATERNELLE
SUR LA PERSONNE DE L'ENFANT
EN DROIT FRANÇAIS

PAR

PLATT-DOSSARIS

AVOCAT A LA COUR D'APPEL DE PARIS

PARIS

F. PICHON, LIBRAIRE-ÉDITEUR
14, RUE CUJAS, 14

1871

DE LA PUISSANCE PATERNELLE
RELATIVEMENT A LA PERSONNE DE L'ENFANT
EN DROIT ROMAIN

DE LA PUISSANCE PATERNELLE
SUR LA PERSONNE DE L'ENFANT
EN DROIT FRANÇAIS

THÈSE POUR LE DOCTORAT

PAR

PETIT-DONNARIS

AVOCAT A LA COUR D'APPEL DE PARIS

L'acte public sur les matières ci-après sera soutenu le jeudi 30 juillet 1874,
à 1 heure et demie

PRÉSIDENT : M. LABBÉ.

SUFFRAGANTS : MM. VALETTE,
DE VALROGER,
BUFNOIR, PROFESSEURS
GLASSON, AGRÉGÉ

PARIS
F. PICHON, LIBRAIRE-ÉDITEUR
14, RUE CUJAS, 14

1871

A MON PÈRE

A MA MÈRE

DROIT ROMAIN

DE LA PUISSANCE PATERNELLE

RELATIVEMENT A LA PERSONNE DE L'ENFANT

Le but de ce travail est d'étudier les droits et les devoirs du père de famille vis-à-vis de la personne de ses enfants, en droit romain et en droit français.

En droit romain on nomme *paterfamilias* celui qui a la pleine seigneurie. *Paterfamilias appellatur qui in domo dominium habet.* (Dig. L. 16, 195.) *Patresfamiliarum sunt qui sunt suæ potestatis sive puberes sive impuberes.* (Dig. I, 6, 4.)

Sui juris sunt familiarum suarum principes id est patresfamiliæ, dit Ulpien. (*Reg. juris*, tit. IV.)

Les divers textes que nous venons de citer, montrent clairement que les Romains attachaient au mot *paterfamilias* une idée de puissance. Le père de famille était un chef de maison. Il n'était pas néces-

saire d'avoir des enfants pour être père de famille,
puisque des *impuberes, sive impuberes* peuvent être
paterfamiliæ.

M. Fustel de Coulanges, dans son livre sur la cité
antique, considère le père de famille comme n'étant
que le représentant de la divinité du foyer. « Une fa-
» mille se compose d'un père, d'une mère, d'enfants,
» d'esclaves. Ce groupe, si petit qu'il soit, doit avoir
» sa discipline; à qui donc appartiendra l'autorité
» première? au père? non. Il y a dans chaque mai-
» son quelque chose qui est au-dessus du père lui-
» même, c'est la religion domestique. C'est le Dieu
» que les Grecs appellent le foyer-maître, ἑστία δέσποινα,
» que les Latins nomment *Lar familiaris.* »

Nous admettons très-volontiers cette théorie de
M. Fustel de Coulanges, d'après laquelle il y aurait
eu à Rome un foyer-maître, autour duquel gravi-
tent les personnes et les biens qui composent la *fa-
milia.*

Dans ce petit corps organisé, dans cette petite
société, où il y avait une divinité des personnes et
des biens, le père était tout à la fois, le prêtre, le
juge, le seigneur et le législateur.

Comme prêtre il offrait les sacrifices et accomplis-
sait les rites religieux au nom de la famille et avait
un pouvoir absolu sur la composition de la famille.

Comme juge, il maintenait l'ordre dans la famille
et avait compétence pour juger souverainement
tous les membres qui faisaient partie de la *familia.*

Comme seigneur, il avait non pas la propriété des

personnes et des biens qui dépendaient de la *familia*, mais il avait sur ces biens et sur ces personnes un droit de disposition absolue.

Enfin dans ce petit État il était législateur et ordonnait des personnes et des choses pour le temps où il ne serait plus.

La loi des Douze Tables lui reconnaît ce droit en termes aussi précis qu'énergiques. *Uti nuncupassit super pecunia tutelave suæ rei ita jus esto.*

Cette théorie de M. Fustel de Coulanges paraît concorder avec les écrits des jurisconsultes, et les détails sur la famille que nous trouvons épars dans les anciens auteurs, et elle permet, croyons-nous, d'expliquer plus facilement les rapports qui existent entre le père et ses enfants.

Nous nous occupons spécialement des droits du père de famille sur ses enfants et nous verrons dans quelle mesure il exerce vis-à-vis d'eux les différents pouvoirs que nous lui reconnaissons.

Gaius et après lui Justinien, ayant voulu caractériser la puissance du père sur ses enfants, ont dit qu'il n'y avait aucun autre peuple qui eût un semblable pouvoir. *Nulli enim alii sunt homines qui talem in liberos habeant potestatem qualem nos habemus.* (Inst, 1, 9, § 2.)

Ce que nous connaissons sur le droit des Athéniens, des Hébreux et des Indiens, paraît en effet confirmer l'assertion de Gaius et de Justinien. Chez ces peuples en effet, il existe un pouvoir paternel plus ou moins fortement organisé, mais nous ne trouvons dans aucune de ces législations ce trait qui nous paraît caractéristique de la puissance paternelle romaine : la perpétuité. La puissance du père dure aussi longtemps que le père veut la retenir, et elle ne cesse ni par l'âge de l'enfant, ni par son mariage, ni par les dignités considérables dont il peut être revêtu. Armé de l'autorité souveraine comme consul ou comme dictateur, le fils a droit au respect même de la part de son père. Aulu-Gelle raconte que Fabius Maximus consul ayant rencontré son père, ce dernier refusa de descendre de cheval sur son passage, *quod pater erat*. Mais Fabius Maximus ordonne à son père de descendre, et le père en obéissant approuve son fils de faire respecter le pouvoir du peuple, *filium collaudavit cum imperium quod populi esset retineret*. (Aulu-Gelle, *Nuits attiques*, II, 2.)

Au forum le père s'inclinait devant la puissance publique personnifiée dans le fils. Mais au foyer domestique la puissance paternelle reprend tous ses droits sur le fils et l'histoire romaine est pleine d'exemples qui montrent que les pouvoirs publics conférés aux fils de famille ne les affranchissaient pas de la soumission qu'ils devaient au père de famille dans la vie privée.

Il existerait cependant un peuple qui aurait eu une puissance paternelle organisée comme la puissance paternelle romaine. M. Vanier, juge au tribunal civil de Cherbourg, constate dans une étude sur les Codes annamites et chinois une similitude bien

frappante entre ces législations et la législation romaine. « En Chine et en Annam, dit-il, la famille
» est organisée à peu près comme elle l'était à Rome;
» le père de famille est tout-puissant jusqu'à sa
» mort, il tient sous son autorité despotique ses en-
» fants et ses femmes comme à Rome les parents
» paternels sont seuls membres de la famille, et
» la femme qui se marie cesse d'en faire partie. »

Quoi qu'il en soit, cette organisation de la puissance paternelle à Rome est remarquable et curieuse à étudier et on peut considérer comme exacte cette allégation de Gaius et de Justinien qui disaient que l'organisation de la puissance paternelle était inconnue des autres peuples.

Nous allons nous occuper successivement :

1° De l'origine de la puissance paternelle ;
2° Du fonctionnement de cette puissance ;
3° De son extinction.

I° COMMENT NAIT LA PUISSANCE PATERNELLE

Le paterfamilias acquiert la puissance paternelle de trois manières : 1° par mariage légitime ; 2° par adoption ; 3° par légitimation.

1° *Par mariage légitime.*

Le *paterfamilias* citoyen romain qui contracte de justes notes *(justæ nuptiæ)*, acquiert par le fait même de ces justes noces, la puissance paternelle sur tous les enfants qui naîtront de cette union et sur les enfants qui naîtront au deuxième degré, mais sur les enfants des fils seulement, les enfants des filles sont sous la puissance de leur mari ou du père de leur mari.

In potestate nostra sunt liberi nostri quos ex justis nuptiis procreaverimus. (Inst. Just., t. IX.)

Nous n'entrerons pas ici dans le détail des conditions nécessaires pour pouvoir contracter mariage, il suffira de les rappeler brièvement. Il fallait : 1° la qualité de citoyen romain ; 2° la puberté ; 3° le consentement respectif des époux ; 4° le consentement des personnes sous l'autorité desquelles les époux se trouvaient.

2° *Par adoption.*

Un citoyen romain pouvait acquérir sur un autre citoyen romain la puissance paternelle par l'adoption.

Non solum autem naturales liberi in potestate nos-

tra'sunt, verum etiam ii quos adoptamus. (Inst, Just., t. II.)

L'adoption est un moyen de créer des rapports de famille au point de vue civil entre des personnes qui, sans l'adoption, auraient été étrangères l'une à l'autre. L'adoption se subdivisait en adrogation et en adoption proprement dite.

L'adrogation est l'adoption d'un *paterfamilias* par un autre *paterfamilias*.

Le paterfamilias qui était *sui juris* devient *alieni juris.*

Le culte du foyer domestique est éteint, les dieux du *lar familiaris* et les cérémonies par lesquelles on les honorait ne sont plus qu'un souvenir. Les biens formant le patrimoine de ce foyer désert, passent en la puissance du *paterfamilias* adrogeant.

Il y a eu absorption complète d'une famille par une autre.

L'adrogation se faisait à l'origine dans les comices par curies, il fallait pour chaque adrogation une loi dans laquelle intervenait le pouvoir religieux.

Plus tard l'adrogation eut lieu à Rome devant trente licteurs qui représentaient les comices, et dans les provinces au moyen d'une décision de l'Empereur.

Dioclétien établit à cet égard l'unité de législation, en décidant qu'à Rome, de même que dans les provinces, l'adrogation aura lieu par rescrit du prince. (Cod. 48, 6, 8.)

Jusqu'à Antonin le Pieux on ne pouvait pas

adroger un *paterfamilias* impubère : l'empereur autorisa cette adrogation, mais en l'entourant de garanties destinées à protéger l'impubère et les membres de la famille de l'impubère.

Par l'adrogation on acquiert la puissance paternelle sur un *paterfamilias*; l'adoption proprement dite a pour objet de faire acquérir la puissance paternelle sur un *filiusfamilias*. Le *filiusfamilias* sort de la famille et de la puissance du *paterfamilias* sous lesquelles il se trouvait pour entrer sous la puissance et dans la famille du *paterfamilias* qui l'adopte.

L'adoption n'exige pas comme l'adrogation une intervention de la puissance publique, c'est un acte privé qui s'accomplit par deux manifestations de volonté, celle du *paterfamilias* qui abandonne sa puissance paternelle et celle du *paterfamilias* qui acquiert cette même puissance. L'enfant se trouve, au point de vue civil, complétement étranger à la famille dans laquelle il est né et il acquiert dans la famille adoptive tous les droits, et il est soumis à toutes les obligations qu'il aurait eues, s'il était fils par le sang du *paterfamilias* qui l'a adopté.

Mais par des considérations tirées de l'intérêt de l'enfant, Justinien décide que lorsque l'adoptant n'est pas un membre de la famille de l'adopté, l'adopté reste dans la famille et sous la puissance du père qui l'a donné en adoption.

3° *Par légitimation.*

L'enfant qui n'est pas né en légitime mariage, *ex justis nuptiis*, naît *sui juris*, il n'est pas soumis à la puissance paternelle.

L'enfant peut être soumis postérieurement à cette puissance, c'est le but de la légitimation.

La légitimation ne peut être imposée au fils.

Inviti filii naturales vel emancipati non rediguntur in patriam potestatem (Dig., I, 6, 11.)

Avant Justinien les moyens de légitimer sont la *causæ probatio* et l'*erroris causæ probatio*.

Sous Justinien il y a trois modes de légitimation des enfants :

1° L'obliation à la curie; 2° le rescrit du prince; 3° le mariage subséquent.

II° DU FONCTIONNEMENT DE LA PUISSANCE PATERNELLE.

Nous avons vu quelles étaient les origines de la puissance paternelle. Nous savons que le *paterfamilias* pouvait avoir la puissance paternelle sur les enfants issus de son légitime mariage sur les enfants qu'il adoptait et sur ceux qu'il légitimait.

Il nous reste à voir quels sont les droits et les devoirs attachés à la puissance paternelle.

Nous avons considéré le *paterfamilias* comme représentant le foyer domestique. Nous avons reconnu qu'il était à la fois dans sa famille prêtre, seigneur, juge et législateur.

Lorsque dans la famille il naît un enfant, un membre nouveau, qui doit participer aux *sacra* du foyer et à la propriété collective, il appartient au *paterfamilias* comme chef religieux de statuer sur son sort, de décider souverainement de l'introduction de l'enfant dans la famille ou de le repousser.

L'expression même dont on se sert indique cette attribution. On dit, en parlant d'un *paterfamilias suscepit liberos* :

> Saltem si qua mihi de te suscepta fuisset.
> Ante fugam soboles.
>
> (Virg., *Énéide*, lib IV, v. 321).

Filiam quam ex te suscepi.

> (Pl., Epi. IV, 1, 34,).

Le *paterfamilias* enlevait l'enfant dans ses bras et montrait ainsi qu'il l'acceptait comme membre de sa famille.

Si le père n'accueillait pas l'enfant, il ne pouvait pas être élevé dans la famille et cette exclusion le condamnait à la mort ou à l'exposition.

Ce droit pour le père d'admettre ou de rejeter l'enfant existait aussi dans la législation athénienne.

« A Athènes, dit M. Guerard, le père n'avait pas le
» droit de faire périr son enfant même au moment
» de sa naissance, seulement il pouvait ne pas l'élever ;
» lorsqu'il ne le levait pas de terre, l'enfant était vendu
» comme esclave » (Guerard, *Droit privé des Ro-
mains*).

Chez les Germains on constate le même usage. Sui-
vant M. Ozanam : « on apporte le nouveau-né aux
» pieds de son père qui décide de lui en détournant
» la tête ou en le prenant dans ses bras. Renié on l'ex-
» pose sous un arbre, au bord d un fleuve ou d'une ca-
» verne ; toutes les traditions poétiques du Nord rap-
» pellent cet usage. Admis dans la famille, il reçoit le
» lait et grandit parmi les esclaves, soumis comme
» eux au droit de vente et à celui de vie et de mort ».
(Ozanam, *le Germain avant le Christianisme*.)

Ainsi donc il ne suffisait pas à l'enfant, pour qu'il
fît pàrtie de la famille, qu'il fût né d'un mariage légi-
time, *ex justis nuptiis*, il fallait encore que le *pater-
familias* l'eût accepté comme membre de sa famille.

Denys d'Halicarnasse nous dit que le *paterfami-
lias* avait tout droit sur ses enfants.

*At Romanorum legislator Romulus omnem, ut ita
dicam, potestatem in filium patri concessit idque toto
vitæ tempore sive flagris cædere sive vinctum ad rus-
ticum opus detinere sive occidere vellet.*

Il nous dit aussi qu'à l'origine le père devait, sous
peine de confiscation de la moitié de ses biens, élever

tous les enfants mâles et les aînées des filles et ne pouvait en faire périr aucune avant trois ans, mais sur les enfants âgés de plus de trois ans et sur les filles puînées depuis le moment de leur naissance, sa puissance était absolue, il avait sur eux plein droit de vie et de mort. (Den. d'Hal., liv. II.)

M. Fustel de Coulanges fait découler du caractère de chef suprême de la religion le droit qui appartient au père de reconnaître l'enfant à sa naissance ou de le repousser.

Si l'enfant est repoussé de la famille par le *pater-familias*, il est mis à mort ou exposé.

Un des cas les plus fréquents qui déterminaient le père à exposer l'enfant était la difformité.

La loi des Douze Tables consacrait ce droit, ainsi que le témoigne un passage de Cicéron qui compare la puissance tribunitienne bientôt anéantie à un enfant difforme, *tanquam ex duodecim tabulis insignis ad deformitatem puer.* (Cicéron, *De legibus*, lib. III.)

Sénèque constatait aussi cette cause d'exposition des enfants lorsqu'il disait : Nous noyons nos enfants difformes ou débiles comme nous retranchons un scélérat de la société.

Il paraît même que le père, avant de tuer ou d'exposer le part monstrueux, devait, suivant Denys d'Halicarnasse, le montrer aux anciens de la tribu.

Primum necessitatem imposuit educandi quidquid esset masculum et e filiabus primogenitas nullam autem prolem necari permisit minorem triennio nisi quid mutilum aut monstrosum genitum esset. Tales enim fœtus exponi a parentibus non vetuit sed ostensos prius quinque viris e vicino proximis, si illi quoque exponendos censuissent (Den. d'Hal.).

Ce droit de ne pas accueillir l'enfant qui vient de naître, se rattachait aux pouvoirs reconnus au *paterfamilias* comme chef suprême de la religion et il subsista longtemps dans la société romaine. Il résulte du texte d'Halicarnasse que le *paterfamilias*, sauf une garantie de constatation, avait le droit d'exposer les enfants difformes et les cadettes des filles sans que l'on pût lui en demander compte.

Il devait au contraire nourrir ses autres enfants.

Il semble qu'il y ait contradiction : d'une part, nous voyons que le *paterfamilias* a le droit de ne pas accueillir dans sa famille l'enfant qui vient de naître ; d'autre part, Denys d'Halicarnasse cite une prescription de Romulus, qui oblige les pères à nourrir leurs enfants jusqu'à l'âge de trois ans au moins. Nous expliquons cette contradiction apparente, en admettant que la loi de Romulus était une loi exceptionnelle et temporaire, imposée par la nécessité d'avoir pour la cité naissante des soldats et des habitants. Cette loi tomba ensuite en désuétude, lorsque la prospérité de la cité devint telle que l'on n'eut plus lieu de craindre qu'il n'y eût plus assez de citoyens.

Les dispositions mêmes citées par Denys d'Halicarnasse indiquent en effet que le père avait le droit de disposer de ses enfants, *necessitatem imposuit educandi*. On voit en outre la préoccupation d'assurer la reproduction des citoyens romains. Le père élèvera les filles, *primogenitas*, et tous les fils ; les enfants mutilés et monstrueux ne sont pas utiles à la future cité, et on peut les tuer impunément.

Cette préoccupation d'assurer la reproduction de la population reparaît au moment de la décadence et vient une fois de plus affirmer le droit incontestable qu'avait le père d'exposer son enfant, c'est-à-dire de refuser de l'admettre au sein de sa famille. Nous lisons en effet au Code : « Unusquisque sobolem suam nutriat quod si exponendam putaverit animadversioni quæ constituta est subjacebit. » (Cod., 8, 52, 2.)

Ces dispositions s'appliquent aux enfants qui n'avaient pas été admis par le père dans sa famille, *quos non sustulit*. Quant aux enfants admis dans la famille, ils entraient sous la puissance du père et cette puissance, tout en les laissant soumis à l'exercice de droits rigoureux, leur servait aussi de sauvegarde et de protection. Le pouvoir du père avait des bornes comme le témoigne ce rescrit de Constantin : *Libertati a majoribus tantum impensum est ut patribus quibus jus vitæ in liberos necisque potestas olim erat permissa libertatem eripere non liceret* (Cod., 8, 37, 10).

Il n'y avait pas à Rome, comme dans les pays modernes, une vérification des naissances organisée par le pouvoir public.

Nonobstant les prohibitions qui défendaient aux pères d'exposer leurs enfants ; ces expositions étaient fréquentes ; il arrivait souvent que le *paterfamilias* exposât des enfants qu'il ne pouvait pas nourrir, et que cette exposition ne fût pas justifiée par une difformité de l'enfant.

Il arrivait souvent que l'enfant exposé était recueilli par une personne qui le nourrissait et l'élevait soit dans un séntiment de bienfaisance, soit dans un but de spéculation.

Quelle était alors la situation de l'enfant? Il faut distinguer : s'il a été exposé avant d'être admis dans la famille, il est *sui juris*, n'ayant jamais fait partie de la famille civile, car ce n'est pas la naissance, c'est l'acceptation du nouveau-né par le père qui produit le lien.

Mais si l'enfant a été exposé après que le père l'avait reçu comme membre de sa famille, il n'était pas *sui juris*, car nous ne voyons pas que l'exposition fût un mode d'affranchissement de la puissance paternelle: *Non nudo consensu patria liberi potestate sed actu solemni liberantur* (Cod., 8, 49, 3).

Une loi au Code montre bien que la puissance paternelle n'était pas dissoute par l'exposition puisque, dans une circonstance où un père a exposé sa fille, on demande son consentement au mariage de cette dernière.

Patrem qui filiam exposuit hanc nunc adultam sumptibus et labore tuo factam matrimonio conjungi filio tuo desideranti favere volo convenit (Cod., 5, 4, 10).

Il en résultait comme conséquence que les biens que l'enfant pouvait acquérir par lui-même, ou par des libéralités de personnes étrangères étaient acquis à son père et que le père pouvait à tout instant le réclamer au grand détriment de ceux qui avaient recueilli l'enfant.

La puissance publique intervint alors pour protéger l'enfant.

Dans un texte des Sentences de Paul, on assimile au meurtrier le père qui expose son enfant. *Necare videtur non tantum is qui partum perfocat sed et is qui abjicit et qui alimonia denegat et is qui publicis locis misericordiæ causa exponit quam ipse non habet* (Dig., 25, 3, 4).

Le père qui revendiquait la puissance paternelle sur un enfant qu'il avait exposé révélait son crime par sa réclamation même et pouvait être frappé des peines prononcées contre ceux qui mettaient à mort leurs enfants.

Néanmoins il est vraisemblable que cette crainte ne suffisait pas pour arrêter les réclamations du père, car nous voyons les empereurs Valentinien, Valens et Gratien décider que ceux qui, malgré les défenses, ont exposé leurs enfants, ne pourront ensuite les revendiquer.

Sed nec dominis vel patronis repetendi aditum relinquimus si ab ipsis expositos nec enim suum qui dicere poterit quem percuntem consumpsit (Cod., 8, 52, 2).

Il ne suffisait pas de défendre aux pères de réclamer les enfants qu'ils avaient exposés afin d'empêcher l'indigne spéculation de ce dernier qui ne faisait

le plus souvent valoir ses droits de puissance pater-
nelle que dans un but intéressé.

Justinien, dans la loi 3, défend aux personnes
charitables qui ont recueilli les enfants exposés, de
les élever comme des *servi*, des *liberti*, des *coloni*, des
adscripti, dans la crainte que les enfants retombent
plus tard au pouvoir de ceux qui les avaient dévoués
à une mort presque certaine.

L'enfant qui avait été exposé, était libre et acqué-
rait pour lui.

Nous arrivons maintenant à la seconde des hypo-
thèses que nous avons posées, celle où le *paterfami-
lias* a accueilli l'enfant.

Ce dernier entre alors dans la famille, il participe
aux *sacra*, prend place au foyer domestique, il est
compté parmi les héritiers siens, c'est-à-dire qu'il
devient copropriétaire indivis du *patrimoine* groupé
autour du *Lar familiaris*.

L'enfant, soit fille, soit garçon, est élevé par les soins
de la mère ou, à son défaut, par des esclaves. Dans les
premiers temps de Rome, les mères tenaient à hon-
neur d'élever leurs enfants elles-mêmes : *Sic Corne-
liam Gracchorum, sic Aureliam Cesaris, sic Atiam
Augusti matrem præfuisse educationibus ac pro-
duxisse principes liberos accepimus.* (Tacite, *de
Orat.*, 28.)

A Rome, le rôle de la *mater*, de la *matrona*, était
surtout d'élever les enfants : *gremio ac sinu matris
educabatur cujus præcipua laus erat tueri domum
et inservire liberis* (Tacite).

L'influence de la femme était considérable, et loin d'être traitée en esclave, la mère était toute-puissante à la maison, elle était appelée *Domina*. On suivait ses conseils. Livie, femme d'Auguste, offre ses avis à son mari qui hésitait sur le parti qu'il devait prendre vis-à-vis de Cinna et de ses complices : *Admittis, inquit, muliebre consilium*, et Auguste remercie sa femme et se dispose à suivre ses conseils, *uxori gratias agit* (Sénèq., *de Clem.*, I, 9).

Mais si les femmes, et la mère en particulier, étaient honorées et respectées, si elles avaient une certaine autorité d...s l'intérieur de la maison, elles ne pouvaient prendre aucune part à la vie publique. Au point de vue du droit civil, elles ne pouvaient pas agir, c'était le *paterfamilias* qui seul avait droit et qualité pour défendre et représenter la famille devant les pouvoirs judiciaires et publics.

Le père était obligé de pourvoir à tous les besoins de l'enfant, c'était une charge qui lui était imposée en compensation des bénéfices qu'il retirait des services que l'enfant leur rendait. Si la mère a nourri l'enfant, elle peut se faire rembourser par le père, car elle a pour ainsi dire fait l'affaire du père, on ne laisse à sa charge personnelle que les dépenses faites dans un sentiment d'amour maternel et qu'elle eût faites en sus des frais d'éducation payés par le père (D., 25. 3, 5, 14).

Le père, comme attribut de la puissance paternelle, a la garde de l'enfant, ce qui implique le droit de désigner quelle doit être la résidence de l'enfant et aussi le droit de faire réintégrer à l'enfant cette résidence, lorsqu'il l'a quittée lui-même ou qu'il en a été détourné par le fait d'autrui.

Comment le père fera-t-il sanctionner ce droit, et reprendra-t-il la possession des enfants soumis à son pouvoir paternel ? Ulpien nous le dit : *Per hanc actionem (rei vindicatio) liberæ personæ quæ sunt juris nostri utputa liberi qui sunt in potestate non petuntur ; petuntur igitur aut præjudiciis aut interdictis aut cognitione prætoria* (Dig., VI, 1, I, § 2).

Il faut dire un mot de chacun de ces moyens par lesquels le *paterfamilias* fait rentrer sous sa garde et son pouvoir un enfant qui en avait été distrait.

L'action préjudicielle est, comme nous le dit Gaius, une action dont le caractère particulier est de n'avoir qu'une *intentio*, c'est-à-dire la partie de la formule dans laquelle le demandeur indique l'objet de sa demande ; le juge est alors appelé à juger si la prétention du demandeur est bien ou mal fondée, mais il n'en résulte aucune condamnation actuelle, c'est l'établissement d'une vérité judiciaire dont on pourra plus tard tirer des conséquences.

L'interdit est un ordre ou une défense émanant du préteur. Il y avait, en faveur de la puissance paternelle, deux interdits — l'interdit *de exhibendis liberis*, et l'interdit *de ducendis liberis*.

L'interdit *de exhibendis liberis* est donné contre celui qui détient un enfant, alors même qu'il n'y a aucun reproche à lui faire, *Si is cave apud te est dolove malo tuo factum est quominus apud te esset, ita eum eamve exhibeas* (Dig., lib. 43, 30. Pr.).

Cet interdit est donné à celui qui a la puissance paternelle sur la seule preuve de cette puissance.

En quoi consiste-t-il?

Ulpien en donne une définition très-précise. *Exhibere est in publicum producere et videndi targendique hominis facultatem præbere, proprie autem exhibere est extrà secretum habere* (Diz., 43, 29, 3, § 8).

L'interdit *de ducendis liberis* est la conséquence de l'interdit *de exhibendis liberis*, il a pour but d'empêcher qu'on fasse obstacle à l'exécution de l'interdit, *quominus ducere liceat vim fieri voto*, dit le préteur.

Si le père invoque l'interdit *de exhibendis liberis* contre la mère qui retient le fils, *ex justissima scilicet causa*, on viendra au secours de la mère par une exception.

Ulpien suppose qu'une fille est mariée et que son père ait la volonté de l'emmener et d'agir vis-à-vis de son mari au moyen de l'interdit *quod pertinet ad exhibitionem*. Il faut admettre, sans cela il n'y aurait pas de question possible, que le père a conservé sur sa fille la *patria potestas*.

Dans ce cas donnera-t-on au mari une exception pour résister à l'interdit dont le père est armé?

Le jurisconsulte répond que la jurisprudence certaine, *certo jure utimur*, est que le père ne puisse pas, armé de son droit de puissance paternelle, venir troubler un mariage où règnent l'harmonie et la concorde. Mais il n'ose pas aller jusqu'à paralyser com-

plétement par une exception le droit de la **puissance**
paternelle et se contente de dire qu'il faudra conseil-
ler au père, *patri persuadeatur*, de ne pas exercer son
pouvoir paternel d'une manière vexatoire.

Les actions pour faire respecter son droit de
puissance paternelle ne manquent pas au père. Il ré-
sulte du texte d'Ulpien que nous avons cité plus haut
qu'indépendamment de l'action préjudicielle et des
interdits dont nous venons de parler, il peut encore
invoquer la *cognitio prætoria* et la *revendicatio*.

La *cognitio prætoria* avait lieu lorsque le préteur
chargé de donner la formule et de renvoyer à un
juge la décision de la contestation, retenait et jugeait
lui-même l'affaire *extra ordinem*.

Enfin le père peut se servir de la revendication.
Ulpien commence par dire que cette action n'est pas
donnée pour revendiquer les personnes libres qui
sont sous notre puissance, *utputa liberi qui sunt in
potestate*. Mais il termine en disant et avec l'autorité
de Pomponius, que l'on peut revendiquer *ex jure
quiritium*, un fils sous sa puissance, *adjecta causa si
quis ita petit filium suum videtur mihi et Pomponius
consentire recte eum egisse* (Dig., 6, 1, 1, § 2).

Nous venons de voir le nombre et l'efficacité des
moyens par lesquels le père pouvait reprendre à
l'aide de la puissance publique, la possession de son
pouvoir sur les enfants soumis à sa puissance.

Un pouvoir si fort devait être entouré de respects,
et les jurisconsultes nous montrent combien était
grand le respect qui entourait le *paterfamilias*, res-

pect auquel il avait droit comme chef de famille, et surtout comme chef de la religion et comme juge.

Le pouvoir public punit les fils qui n'observent pas cette loi du respect dû au *paterfamilias*.

Les *milites* qui avaient bien des priviléges en droit romain n'en étaient pas affranchis. *Etiam militibus pietatis ratio in parentes constare debet, quare si filius miles, in patrem aliqua commisit, pro modo delicti puniendus est.* (Dig., 37, 15, 1, Pr.).

A Athènes, le fils qui maltraitait son père, était puni par le premier archonte.

Dans l'Inde, celui qui maudit son père ou sa mère, est puni d'une amende de 100 panas, infligée par la Cour de Brahma, chargée de punir toutes les grandes fautes de l'enfant.

Cette obligation du respect des parents était générale, et observée chez tous les peuples anciens, et si nous voulons revenir au droit romain, nous trouverons de nouveaux exemples de la sollicitude avec laquelle on assurait l'observation de cette loi du respect.

Si filius matrem aut patrem, quas venerari oportet contumeliis adficit vel impias manus ei infert præfectus urbi delictum, ad publicam pietatem pertinens pro modo ejus vindicabit. (Dig., 37, 15, 1.)

Il n'est pas même permis au fils militaire d'appeler ses parents *maleficos. Indignus militia judicandus est qui patrem et matrem a quibus se educatum dixerit maleficos appellaverit.* (Dig., 37, 15, 1.)

Et Ulpien résumant dans une formule remar-

quable par son énergie et sa concision, en même
temps que par son exactitude, les devoirs du fils vis-
à-vis de son père, dit : *filio semper honesta et sancta
persona patris videri debet.* (Dig., 37, 15, 9).

Les Romains avaient une si haute idée du respect
que le fils devait avoir pour la personne de son père,
qu'ils avaient édicté un supplice atroce pour le par-
ricide. On l'enfermait dans un sac avec un chien,
un coq, une vipère et un singe, et on le jetait dans
la mer ou dans un fleuve, et si la localité ne le
permettait pas, on le jetait en pâture aux bêtes fé-
roces. Ce supplice s'était modifié avec le temps, mais
il conservait toujours un caractère exceptionnel ;
hodie tamen vivi exuruntur, vel ad bestias dantur
(Paul, Sent. V, 24).

Comme témoignage du respect que le fils devait à
son père, nous voyons que ce dernier était dispensé
de donner caution pour l'usufruit du pécule adven-
tice, dont le fils avait la nue propriété, et cela à
cause de la *paterna reverentia.*

C'est cette même *paterna reverentia* qui s'oppose
à ce que le fils intente contre ses père et mère une
action infamante, telle que les actions de dol ou
d'injures.

Et alors même que l'action n'était pas infamante,
il fallait au fils une permission du magistrat pour
citer en justice ses parents : *Generaliter eas personas
quibus reverentia præstanda est sine jussu prætoris
in jus vocare non possumus* (D., 2, 4, 13).

Indépendamment de l'appui que le *paterfamilias*

trouvait dans la puissance publique pour faire respecter son autorité, il avait lui-même le droit de correction.

Le droit de correction dérive du pouvoir judiciaire attribué au *paterfamilias*.

« De toute la famille, dit M. Fustel de Coulanges,
» il n'y avait que le père qui pût paraître devant le
» tribunal de la cité, la justice publique n'existait que
» pour lui. Si la justice pour les fils et la femme
» n'était pas dans la cité, c'est qu'elle était dans la
» maison, leur juge était le chef de la famille, sié-
» geant comme sur un tribunal, en vertu de son
» autorité maritale ou paternelle, au nom de la
» famille, et sous les yeux des divinités domes-
» tiques. »

Tel était du moins l'ancien usage encore en vigueur du temps de Tacite qui raconte dans ses *Annales*, qu'une femme, Pomponia Grœcina, accusée de superstition, fut remise au tribunal marital, et que le mari, conformément au droit ancien, *prisco instituto*, la jugea et la déclara innocente, *isque prisco instituto propinquis coram de capite famaque conjugis cognovit et insontem nuntiavit* (Tacit., Ann., 13, 32.)

Les écrits des auteurs latins abondent en récits qui constatent ce pouvoir de juge attribué au *paterfamilias* sur sa femme et sur les enfants soumis à sa puissance. Le père pouvait leur infliger tous les châtiments, depuis les peines les plus légères jusqu'à la peine de mort.

Les autres peuples de l'antiquité n'ont pas accordé au père un pouvoir aussi étendu.

En Grèce la loi donne au père peu de moyens de châtier son fils rebelle, il peut le chasser de sa maison et le déshériter, mais rien de plus.

A Sparte les anciens de la tribu avaient le pouvoir judiciaire sur l'enfant. Dans ce pays où l'éducation était publique, tout citoyen pouvait châtier un enfant, et les anciens de la tribu avaient sur lui le droit de vie et de mort.

Dans le droit hébreu après Moïse, la mort ne peut être infligée à un enfant que par l'autorité publique; l'enfant coupable est dénoncé aux vieillards et lapidé par le peuple (Deut., 13 et 17).

En Égypte le père ne pouvait pas prononcer contre son fils la peine de mort et s'il tuait son fils, il était puni par un supplice atroce.

Tres dies atque noctes in complexu occisi perdurare custodia assidua publica cogebatur.

Dans l'Inde le père n'a qu'un droit de correction très-restreint sur sa femme et son fils; il ne peut les frapper qu'avec une corde ou une tige de bambou.

Mais nous ne trouvons nulle part ailleurs le droit de juger organisé aussi énergiquement qu'il l'était à Rome.

Le *paterfamilias* était pour les membres de la *familia*, le seul juge, le vrai juge; sa compétence s'étendait sur tous par cette seule raison qu'ils étaient membres de la famille. Il ne paraît même pas que cette compétence fût restreinte aux délits commis dans l'intérieur de la famille; les délits publics étaient justiciables de cette juridiction paternelle.

Valère-Maxime cite un certain Atilius qui tua sa fille coupable d'impudicité.

Un père mit à mort son fils coupable de complicité avec Catilina.

Brutus fait battre de verges et frapper de la hache ses fils qui voulaient ramener les Tarquins.

Valère Maxime, en racontant ce dernier trait d'héroïsme, ajoute que le père a fait le sacrifice de ses sentiments paternels. *Exuit patrem.*

Dans une autre circonstance on voit un fils qui est accusé d'exaction en Macédoine. Des envoyés viennent porter plainte au Sénat à Rome, et le père évoque le jugement de son fils coupable devant le tribunal domestique, il juge seul en s'entourant de tous les documents de nature à éclairer sa religion et il condamne son fils.

Ce caractère de juge qui appartient au père de famille est indiqué dans les traits que nous venons de rapporter. On voit un père qui juge seul. Mais le rôle judiciaire apparaît d'une manière plus significative encore lorsqu'on voit le père de famille faire comme le juge public et s'entourer d'assesseurs, destinés à éclairer la religion du juge ; ce ne sont pas toujours et nécessairement des membres de la famille, ce n'est pas un tribunal de famille.

Sénèque nous montre Auguste venant siéger comme juge dans un tribunal de famille bien qu'il fût étranger à la famille.

*Cogniturus de filio T. Arius advocavit in consi-
lium C. Augustum venit in privatos penates assedit
pars alieni consilii fuit.* (Sénèq., *de Clem.*, 15.)

Cassius accuse son fils d'avoir aspiré au trône, il
ne le condamne à mort et ne le tue qu'après s'être
entouré des avis de ses proches et de ses amis. *Adhi-
bito propinquorum et amicorum consilio* (Val. Max.,
ch. VIII, § 2).

Manlius Torquatus ne croit pas utile de se faire
assister d'un conseil de ses amis, il juge seul; *Necon-
silio quidem necessariorum indigere se credidit;* il ras-
semble des preuves, interroge des témoins, fait une
enquête pour se convaincre de la culpabilité de son
fils et, quand il est convaincu, il le condamne à l'exil
(Val. Max., VIII, § 3).

Ces exemples suffisent pour nous donner une idée
de cette justice du père de famille, toujours vigilante,
toujours présente, qui s'étendait sur les enfants de
tout âge, tant qu'ils restaient dans la famille qui était
compétente pour tous les délits et pouvait infliger
tous les châtiments sans exception; elle n'avait de
bornes dans sa sévérité que les bornes qui étaient
posées par l'amour paternel.

Cette justice domestique est dénommée dans les
textes : *Jus vitæ ac necis.* On en attribue l'origine à
une *lex regia. Quum patri lex regia dederit in
filium vitæ necisque potestatem* (Collect. leg., 4, 8).

*Patribus quibus jus vitæ in liberos necisque potes-
tas olim erat permissa* (Code, 8, 48, 10).

Le père est maître absolu dans sa maison, *judex*

domesticus; il peut infliger à ses enfants la prison, le fouet, les travaux rustiques, l'exil, la mort.

Nous rangerions volontiers parmi les moyens de répression qui étaient à la disposition du *paterfamilias* l'*abdicatio*. L'*abdicatio* est peu connue, un seul texte en parle en termes très-vagues et très-concis. *Abdicatio quæ græco more ad alienandos liberos usurpabatur et* ἀποκήρυξις *dicebatur romanis legibus non comprobatur.*

Cette *abdicatio* qui paraissait avoir pour résultat de chasser l'enfant de la famille devait en effet être très-redoutable, si l'on en croit les écrivains qui, en en parlant, la nomment *fulmen istud patrum ira domestica, abdicationis emendatio.*

Quintilien explique qu'il y a deux sortes d'*abdicatio.*

Altera criminis perfecti ut si abducetur raptor adulter altera velut pendentis et adhuc in conditione positi quales sunt in quibus abducetur filius quia non paret patri (Quint., *Inst. Orat.* VII, 4, 27).

Ce texte de Quintilien ne permet pas de déterminer bien clairement ce qu'était l'*abdicatio* et quelles en étaient les conséquences, mais il suffit pour nous permettre d'affirmer que c'était un genre spécial de peine que le père pouvait appliquer à son fils.

Nous venons de dire que la puissance du père comme juge était absolue et qu'il avait pleine juridiction sur les enfants soumis à sa puissance.

Cette plénitude de juridiction reçut bientôt des atteintes de la part du pouvoir public. On laissa au père le soin de connaître des petites contraventions, mais les crimes plus graves furent déférés à l'autorité judiciaire.

Ce changement est indiqué dans le titre unique au Code, *de emendatione propinquorum.*

In corrigendis minoribus pro qualitate delicti senioribus propinquis tribuimus potestatem ut quos ad vitæ decora domesticæ laudis exempla non provocant saltem correctionis medicina compellat neque nos in puniendis minorum vitiis potestatem in immensum extendi volumus sed jure patrio auctoritas corrigat propinqui juvenis erratum et privata animadversione compescat.

Quod si atrocitas facti jus domesticæ emendationis excedat placet enormis delicti reos dedi judicum notioni. (Code, 9, 15.)

Ce texte établit deux juridictions : la juridiction domestique et la juridiction du juge, l'une pour les *errata* pour lesquels suffit une *privata animadversio;* — l'autre qui est retirée au père de famille pour les faits atroces qui excèdent le *jus domesticæ emendationis.*

La même distinction se trouve posée plus énergiquement encore dans un autre passage.

Si pietatem debitam patri non agnoscit castigare jure patriæ potestatis non prohiberis acriore remedio usurus si in pari contumacia perseverarit eumque præsidi provincio oblaturus dicturo sententiam quam tu quoque dici volueris. (C., 8, 47, 3.)

Enfin si le père réclame contre son fils une peine

plus grave, le père se porte accusateur, le fils se dé-
fend, le magistrat prononce : c'est un véritable
procès.

*Inauditum filium pater occidere non potest, sed
accusare eum apud præfectum præsidemve provin-
ciæ debet.* (Dig., 48, 8, 2.)

Il est bien clair que le père n'a plus le pouvoir de
condamner son fils à mort.

C'est Adrien qui a le premier porté atteinte à ce
droit de justice du père, en condamnant à la dépor-
tation un père qui avait tué son fils. Et cependant le
droit de justice du père dans l'espèce paraissait bien
incontestable, puisque le fils avait été surpris en
flagrant délit d'adultère avec sa belle-mère.

*Divus Hadrianus fertur quum in venatione filium
suum quidam necaverat qui novercam adulterabat
in insulam deportasse quod latronis magis quam
patris jure eum interfecit.* (Dig. 48, 9, 5.)

La raison donnée par Adrien, est que le père a
agi en malfaiteur plutôt que par droit de puis-
sance paternelle. Cependant il semble que c'est sur-
tout dans cette circonstance que l'action du père
eût pu être légitimée. Cela indique d'une manière
bien caractéristique, que l'on était arrivé à une épo-
que où le droit de justice était sorti des mains du
père, pour devenir l'attribution du pouvoir social.

Trajan après Adrien alla plus loin encore dans
cette voie : il force un père à émanciper son fils,
quem male contra pietatem adficiebat.

Et cette phrase du jurisconsulte Marcien : *patria*

potestas in pietate debet non atrocitate consistere, peut être considérée comme signifiant que désormais le *paterfamilias* a perdu les prérogatives judiciaires qui lui avaient jadis appartenu, et qui sont aujourd'hui le partage du pouvoir social.

Comme sanction de la défense qui est faite au père de prononcer contre son fils la peine de mort, Constantin décide que la peine du parricide doit être appliquée au père qui, en vertu de son autorité privée, met son fils à mort : *sive clam sive palam.*

Il n'y a qu'un seul cas où le père conserve la juridiction antique avec faculté d'infliger le dernier supplice, c'est le cas où il surprend sa fille en flagrant délit d'adultère, soit dans la maison paternelle, soit dans la maison conjugale, et encore le père n'a ce droit que s'il a conservé sur sa fille la puissance paternelle. Le mari vis-à-vis duquel l'offense est plus grave n'a pas le droit de tuer sa femme.

Papinien explique cette différence entre le père et le mari en disant que l'action du père sera plus froide et plus réfléchie, l'action du mari devait être au contraire emportée et aveugle et il fallait y mettre un frein : *quod plerumque pietas paterni nominis consilium pro liberis capit cæterum mariti calor et impetus facile decernentis fuit refrenandus* (Dig., 48, 5, 22).

Pour être complet, il faut ajouter que l'exercice de ce droit, qui reste comme un dernier vestige du droit qu'avait le *paterfamilias* de condamner à mort comme juge domestique et qu'on paraît ne pas avoir osé retirer au père de famille, a été tellement réglementé et restreint qu'il est devenu plus un droit nominal qu'un droit réel.

C'est ainsi qu'il s'exerce sur une fille et non sur un fils, qu'il est nécessaire que le père ait conservé sur cette fille la puissance paternelle, qu'il surprenne sa fille en flagrant délit, *in ipsa turpitudine*, dans sa propre maison ou dans celle du mari de sa fille, qu'il tue sa fille et l'amant de sa fille au moment même, *incontinenti*.

Debet prope uno ictu et uno impetu utrumque occidere æquali ira adversus utrumque sumpta (Dig., 48, 5, 20).

Comme chef de la religion domestique, c'est au *paterfamilias* qu'il appartient de statuer souverainement sur les modifications dans la composition de la famille.

De là découle le droit qu'il a de donner ou de refuser son consentement au mariage ou à l'adoption de ses enfants.

Le mariage des enfants apportait de grands changements dans la famille.

La fille qui se mariait était perdue pour la famille, elle entrait le plus souvent sous la puissance de son mari ou du père de son mari.

Le fils en se mariant changeait plus profondément encore les conditions d'existence de la famille, car il introduisait dans la famille sa femme, c'est-à-dire une personne qui y avait été complétement étrangère, et qui venait *loco filiæ* participer aux *sacra* de la

famille et prendre part à la jouissance du patrimoine
commun. De cette union pouvaient naître des en-
fants qui devenaient, sous le titre d'héritiers siens,
copropriétaires des biens de la famille.

C'est en vertu de son droit de puissance paternelle
que le *paterfamilias* a le droit de consentir au mariage
de ses enfants. L'enfant qui est sorti par l'émanci-
pation du groupe de la famille, peut contracter ma-
riage sans le consentement du père, *filius emancipa-*
tus etiam sine consensu patris uxorem ducere potest
(Dig., 23, 2, 25).

Mais vis-à-vis des enfants restés sous la puissance
paternelle, le droit du père est absolu.

Nuptiæ consistere non possunt nisi consentiant
omnes id est qui coeunt quorumque in potestate sunt
(Dig., 23, 2, 2).

Nous avons dit que pour le mariage il n'y avait à
se préoccuper que du consentement du chef de fa-
mille. C'est ainsi que c'est le grand'père qui a la
puissance qui doit donner son consentement lors-
qu'il s'agit du mariage des petits-enfants ; il y a ce-
pendant lieu de faire une distinction entre le petit-
fils et la petite-fille, distinction qui est faite dans
un texte de Paul. *Nepote uxorem ducente et filius*
consentire debet, neptis vero si nubat voluntas et
auctoritas avi sufficiet (D., 23, 2, 16). Cette différence
entre le petit-fils et la petite-fille, au point de vue du
mariage, s'explique par cette considération qu'en se
mariant la fille quitte la famille et que les enfants
qui naîtront d'elle sont sous la puissance du chef de

famille de qui dépend son mari ou sous la puissance du mari lui-même.

Le mariage du petit-fils au contraire amenait des héritiers dans la famille qui, après la mort du grand'père, retombaient sous la puissance de leur père et devenaient héritiers siens de ce dernier ; il eût été contraire aux principes que le père pût avoir des héritiers siens contre son gré. *Nemini invito heres suus agnascitur.* C'est pour cela que pour le mariage du petit-fils on exigeait à la fois le consentement du père et celui du grand'père.

La puissance du père en matière de mariage allait jusqu'à ce point que le père pouvait contraindre sa fille à accepter le mari qu'il lui avait choisi, à moins que le mari ne fût indigne ou de mœurs dépravées.

Tunc autem solum dissentiendi a patre licentia filiæ conceditur si indignum moribus vel turpem sponsum ei pater eligat (D., 23, 1, 12).

La règle que nous avons rapportée, aux termes de laquelle on ne pouvait'avoir d'héritiers siens malgré soi, faisait que le père ne pouvait imposer le mariage à son fils, *filiofamilias dissentiente sponsalia ejus nomine fieri non possunt* (D., 23, 1, 13).

Non cogitur filiusfamilias uxorem ducere (D., 23, L. 21).

Le pouvoir paternel était même tellement absolu que, nonobstant le mariage de sa fille, le père pouvait user sur elle du droit de puissance paternelle et dissoudre le mariage.

Pater invita filia repudium genero misit (Vatic.

Fragm., § 116). Il pouvait agir de même vis-à-vis de son fils.

Ce droit exorbitant du père vis-à-vis de sa fille, se trouve confirmé dans les écrits de Plaute et d'Ennius.

Ennius fait parler ainsi une fille qui se plaint à son père de la dissolution de son mariage :

> *Injuria abs te afficior indigna pater*
> *Nam si improbum Cresphontem existimaveras.*
> *Cur me huic locabas nuptiis sin est probus,*
> *Cur talem invitum invitam cogis linquere ?*

Et Plaute dans la comédie de *Stichus* exprime la même idée. Une fille, s'adressant à son père, lui dit :

« Ou nos maris ne te plaisaient pas et il ne fallait pas nous les faire épouser, ou ils te plaisaient et il n'est pas juste aujourd'hui de nous en séparer. »

> *Aut olim nisi tibi placebant non datas oportuit*
> *Aut nunc non æquum est abduci pater.*

Enfin comme dernier témoignage de l'omnipotence du père de famille relativement au mariage de ses enfants, nous voyons dans les jurisconsultes que rien ne pouvait remplacer le consentement du père. La rigueur du droit à cet égard était telle que lorsque le père de famille était fou ou dans un état de démence *furiosus vel mente captus*, incapable par conséquent de donner un consentement valable, il y avait impossibilité absolue pour son fils ou sa fille qui était en sa puissance, de contracter mariage.

Le père de famille, malgré son état mental, conservait la puissance paternelle.

Mais sur ce point comme sur les autres le pouvoir social prenant en main l'intérêt des enfants, intervient au nom de cet intérêt. Cette intervention se montre surtout dans la loi *Julia* dont l'esprit dominant était de faciliter les mariages.

La loi Julia impose au père l'obligation de marier et de doter l'enfant *utriusque sexus*.

Cette disposition de la loi Julia se trouve mentionnée dans un texte de Marcien qui ajoute que l'on doit assimiler au père qui empêche le mariage, celui qui ne fait pas ses efforts pour marier ses enfants : *Prohibere autem videtur et qui conditionem non quærit* (D., 23, 2, 19). Antonin le Pieux défendit qu'un mariage *bene concordans* fût dissous par la volonté du père (Paul, 5, 6, 15). Cette défense fut ensuite confirmée par la loi 5, Code 5, 17 (à moins de motifs graves, *nisi magna et justa causa interveniente*).

Il fallait aussi venir au secours des enfants qui ne pouvaient pas se marier par suite de l'état mental de leur père. On se souvient en effet que celui qui était *furiosus vel mente captus* ne pouvait donner valablement de consentement au mariage de l'enfant resté en sa puissance et que par conséquent il ne pouvait pas y avoir de mariage pour eux.

On admit d'abord assez facilement que la fille du *furiosus* ou du *mente captus* pût se marier. On en donnait cette raison que, pour le mariage du fils, le consentement doit être formel tandis que pour le mariage de la fille. il suffit que le père ne s'oppose pas. Il faut encore tenir compte de ce que le mariage de la fille n'amenait pas dans la famille d'héritiers siens et que par conséquent on pouvait être moins rigoureux en ce qui concernait le consentement du père et le présumer.

Il n'en était pas de même du fils de famille.

On commença par établir une distinction entre le *mente captus* dont la maladie est incurable et le *furiosus* dont la maladie présente des intervalles lucides.

Sous le règne de Marc-Aurèle, on permit au fils du *mente captus* de se marier sans le consentement de son père.

Mais il faut arriver jusqu'à Justinien pour voir accorder ce même droit au fils du *furiosus*.

Le consentement du père est alors remplacé par l'intervention du magistrat. C'est sous son autorité que doivent être constituées la dot et la donation *propter nuptias*, et le magistrat prenait l'avis du curateur du *furiosus* et aussi d'une espèce de conseil de famille composé des personnes les plus honorables : *Qui ex genere eorum nobiliores sunt.*

Le même esprit présida aux dispositions qui décident que lorsque le père était absent le fils ou la fille pouvaient se marier après un espace de trois ans depuis la disparition, et même si le mariage avait eu lieu avant l'expiration des trois ans, le mariage n'était rompu par le retour du père que si le mariage était tel que le père n'eût pas consenti au mariage. *Dummodo eam filius ducat uxorem vel filia tali nubat cujus conditionem certum sit patrem non repudiaturum.*

Nous avons vu qu'il est nécessaire pour contracter mariage d'obtenir le consentement des personnes sous la puissance desquelles se trouvent les futurs époux. Quelle est la sanction du défaut de consentement ? Evidemment la nullité du mariage. Cette solution indiquée par le bon sens paraît cependant contredite par un texte de Paul : *Eorum qui in potestate patris sunt sine voluntate ejus matrimonia jure non contrahuntur sed contracta non solvuntur* (Sent., Paul, 2, 19, 2).

Il répugne d'admettre la traduction qui se présente la première et qui consisterait à dire que le mariage contracté au mépris de la volonté du père sera néanmoins maintenu. Cette traduction serait absurde, car dans l'organisation romaine où le mariage a lieu par le seul consentement des époux sans intervention de l'autorité, on arriverait toujours à se passer de cette autorisation.

D'autres ont traduit, en disant que le mariage contracté avec la volonté du père, ne peut pas être dissous par cette même volonté; cette interprétation a le mérite d'être d'accord avec la nouvelle législation. Depuis Antonin le Pieux, en effet, le père ne pouvait plus, comme autrefois, dissoudre le mariage de celui qui était sous sa puissance (Code, 5, 17, 5.). Mais pour arriver à cette traduction, on est obligé de torturer le texte de Paul. Nous pensons que telle n'est pas la vraie traduction et qu'il faut lire ainsi : *Sed contracta solvuntur*, ce qui signifie alors que pour contracter mariage, il faut le consentement de ceux sous la puissance de qui on se trouve, mais pour dissoudre un mariage contracté, le consentement n'est pas nécessaire, *sed contracta solvuntur*, sous-entendu *sine voluntate*. Cette traduction qui est bien plus conforme au génie de la langue des Romains, exige, il est vrai, la suppression du mot *non*. Mais il est probable que ce mot a été ajouté, soit avec intention, soit par inadvertance au texte de Paul, et en présence de la nécessité ou de supprimer cette particule dans le texte de Paul ou d'admettre pour trouver une explication raisonnable que Paul ait écrit une phrase aussi pénible et aussi contournée, nous n'hésitons pas à choisir la première traduction.

Comme seigneur le *paterfamilias* a, comme nous l'avons dit, non pas un droit de propriété, mais un droit de disposition absolue sur les personnes et les choses qui composent la famille.

C'est en vertu de ce droit qu'il peut aliéner, céder *in mancipio* le fils de famille à un tiers.

La *mancipatio* qui était faite d'un fils de famille, conférait à celui à qui cette *mancipatio* était faite un pouvoir d'une nature particulière. Ce n'était pas la *patria potestas*, elle restait au père, ce n'était pas la *dominica potestas*, le fils ne cessait pas d'être un homme libre, c'était le *mancipium*, le fils était *in mancipio*, ce qui donnait le droit d'exiger du fils les services, les utilités que l'on retirait d'un esclave, mais sans que ce dernier perdît les avantages de l'ingénuité. On explique sa situation en disant qu'il est *loco servi* et, comme l'esclave acquiert à son maître, de même le fils de famille acquiert à celui qui a le *mancipium*.

Le père de famille transmet ainsi à un tiers, non pas sa puissance paternelle, mais un des attributs de cette puissance, un bien qui fait partie de son patrimoine.

Dans les idées romaines, le fils de famille n'était pas comme l'esclave une chose, une fraction du patrimoine, mais l'utilité, les services qu'on pouvait tirer du fils, l'usufruit, si on peut se servir de cette expression, en faisait partie.

C'était cela que le père avait dans son patrimoine, c'était de cela dont il pouvait disposer, et il pouvait en disposer en maître absolu, le fils ne pouvait s'opposer à ce que son père transférât à un tiers, l'utilité que son père aurait pu exiger de lui et nous ne voyons pas, en effet, que le père eût besoin du consentement du fils pour le donner *in mancipio*.

Il en était autrement de l'émancipation, comme nous le verrons plus loin, ainsi que de l'adoption qui faisait perdre au fils les droits de famille, de succession et pouvait ainsi lui préjudicier.

Le fils de famille *in mancipio*, contrairement à l'esclave, est sensible à l'outrage, il ne doit pas être traité ignominieusement par celui qui a sur lui le *mancipium adversus, eos qui in mancipio habemus nihil nobis contumeliose, licere facere alioquin injuriarum actione tenebimur* (Gaius, Inst., 1, 141).

Le fils de famille est libéré plus facilement de la puissance sous laquelle il se trouve, il n'est pas considéré comme un bien, une valeur entre les mains du maître, il peut être affranchi même par celui qui est insolvable, sans que les créanciers puissent s'en plaindre. Gaius nous avertit que la loi *Ælia Sentia* ne leur est pas applicable (Gaius, 1, 139).

Le fils de famille *in mancipio* peut exiger son émancipation devant le censeur lorsque l'individu qui avait le *mancipium*, est désintéressé ; c'est une autre conséquence de ce que, dans l'acquisition du pouvoir particulier appelé *mancipium*, l'acheteur avait acquis, non pas la personne même du fils, de même qu'on achetait la personne d'un esclave, ce qui aurait exclu la possibilité de contraindre ce dernier à une émancipation ; mais les services du fils, et comme la personne était en dehors du *mancipio*, aussitôt que le fils pouvait satisfaire à l'équité en remboursant l'acheteur, sa personne qui n'avait jamais été engagée, se débarrassait de l'entrave du *mancipium*, et reprenait la libre disposition d'elle-même.

Ce remboursement pouvait être fait par l'enfant, par le père ou par une tierce personne. (Paul, Sent., 5, 1, 1. Code, 4, 43, 2.)

Le fils de famille tombait *in mancipio* par plusieurs causes :

1° Par la vente que le père faisait de l'enfant qu'il avait sous sa puissance;

2° Par l'abandon *noxali causa*.

Paul, dans le paragraphe des Sentences que nous avons cité plus haut, suppose la vente des enfants. *Qui filios suos contemplatione extremæ necessitatis aut alimentorum gratia filios suos vendiderint.* (Paul. Sent., V, 1, 1.)

Le père avait donc ce droit : il résulte d'une constitution de Constantin, qu'il pouvait vendre ses enfants, *sanguinolentos*, et qu'il ne pouvait les vendre que dans ce cas.

Si quis propter nimiam paupertatem egestatemque victus causa filium filiamve sanguinolentos vendiderit venditione in hoc tantummodo casu valente. (C., IV, 43.)

Cette vente des enfants *sanguinolenti* paraît n'être qu'une exception à la règle qui est posée au même titre dans la loi 1, qui défend la vente des enfants. Le père de famille, par suite de l'organisation romaine, avait la libre disposition du patrimoine de la famille, c'était donc à lui qu'on devait s'adresser pour obtenir la réparation du préjudice commis par une des personnes composant la *familia*, par un esclave ou un fils de famille qui était en puissance.

Le père actionné par la victime du préjudice causé devait réparer le préjudice, quelque considérable qu'il fût.

Mais il était admis chez les Romains que les délits ou les quasi-délits d'un esclave ne pouvaient causer une perte supérieure à la valeur même de cet esclave. Cela était vrai également pour les enfants en puissance.

Erat enim iniquum nequitiam eorum ultra ipsorum corpora parentibus dominisve damnosam esse. (Gaius, IV, 75.)

Le mécanisme de l'action noxale était très-simple, l'action en réparation du préjudice causé était donnée à la victime contre le maître de l'esclave ou le *paterfamilias* qui avait la puissance sur l'enfant.

Ils étaient obligés de payer l'indemnité arbitrée par le juge, *litis æstimationem sufferre.* Si le maître ou le *paterfamilias* trouvait l'indemnité trop onéreuse, il avait une ressource : c'était d'abandonner *noxaliter* l'enfant ou l'esclave auteur du délit.

Cet abandon *noxaliter* pouvait se faire à toute époque de la procédure, il se faisait au moyen d'une *mancipatio* qui faisait passer l'esclave ou le fils de famille *in mancipio* de la personne lésée.

Le père de famille pouvait manciper *noxali causa,* non-seulement son fils, mais encore sa fille. Justinien trouva cette faculté immorale, surtout à l'égard des filles, et l'abandon noxal ne fut plus maintenu que pour les esclaves.

L'esclave en effet ne pouvait pas s'obliger personnellement à la différence du fils de famille *qui ex omnibus causis tanquam paterfamilias obligatur.* (D., 44, 7, 39.)

La partie lésée perd ainsi l'action noxale qui était avantageuse. Mais il lui reste l'action directe contre le fils de famille, auteur du délit ou quasi-délit. Cette action lui permet d'obtenir une condamnation personnelle contre le fils.

Comment tirera-t-il parti de cette condamnation ?

Si le fils de famille n'a aucun pécule, il sera obligé d'attendre.

Si le fils de famille a un pécule, il faut distinguer : ou c'est un pécule profectice, et alors la personne lésée qui a contre le fils l'action *judicati*, peut obtenir que cette action lui soit donnée *de peculio*, ce qui lui permettra d'être payée par le père jusqu'à concurrence du pécule.

Lors, au contraire, que le *pécule* du fils est *castrense*, ou *quasi-castrense*, l'action *judicati* s'exercera sur ces pécules, puisque, relativement à eux, le fils est traité comme un *paterfamilias* ; enfin si le pécule est un pécule adventice, le fils pourra être poursuivi sur la nue propriété de ce pécule, dont l'usufruit appartient au père.

En matière d'abandon noxal l'aliénation du fils n'est pas volontaire, la loi des Douze Tables qui exigeait, pour l'anéantissement de la puissance paternelle sur le fils, trois mancipations, était faite dans l'hypothèse d'une mancipation volontaire. Y a-t-il lieu alors d'appliquer la loi des Douze Tables en matière de mancipation par abandon noxal? En autres termes, après la mancipation *noxali causa* suivie d'une émancipation, le fils *est sui juris*, si conformément à l'opinion des Sabiniens, on admet que l'on se trouve hors du cas prévu par la loi des Douze Tables et que la seule mancipation qui a eu lieu suffit pour détruire la puissance paternelle. Au contraire, le fils retombe sous la puissance paternelle, si comme le pensent les Proculiens, la destruction de la puissance paternelle ne doit avoir lieu, même dans le cas de mancipation *noxali causa*, que par trois mancipations successives.

Nous pensons qu'il s'agit ici d'aliénation volontaire du fils, puisque ce n'est que par l'effet d'un libre choix et parce que cela lui est plus avantageux que le père préfère manciper *noxali causa*; il a toujours le moyen de conserver son fils en payant l'indemnité *litis æstimationem*, et par conséquent nous pensons qu'il n'y a pas lieu de faire de distinction et que, conformément à l'opinion des Proculiens, l'enfant mancipi *noxali causa*, puis émancipé, rentre sous la puissance paternelle.

COMMENT FINIT LA PUISSANCE PATERNELLE

La puissance paternelle prend fin par des causes indépendantes de la volonté du père de famille ou par l'effet de cette volonté.

Elle prend fin par la mort du *paterfamilias* qui en était revêtu ou par celle du *filiusfamilias* qui y était soumis, avec cette distinction que la mort du *paterfamilias* ne libère pas les enfants de la puissance paternelle, si le *paterfamilias* était un aïeul qui avait tout à la fois sous sa puissance son fils et ses petits-enfants. Dans ce cas en effet les petits-enfants libérés de la puissance paternelle de leur grand-père retombent sous la puissance de leur père (Inst., I, 12).

Les différents événements qui font perdre au *paterfamilias* ou au *filiusfamilias* la qualité de citoyen romain sont aussi des causes d'extinction de cette puissance, car elle ne peut exister qu'entre citoyens romains.

Nous voyons dans les jurisconsultes que le *filius-familias* ne pouvait contraindre son père à se démettre de la *patria potestas*.

Non potest qui est in potestate patris ullo modo compellere ne sit in potestate sive naturalis sive adoptivus. (Marc., liv. V, Reg.)

Cette disposition se comprend parfaitement si l'on se souvient quels étaient les nombreux titres en vertu desquels le père avait la *patria potestas*.

Mais les empiétements du pouvoir civil sur le pouvoir paternel se sont manifestés sur ce point comme sur les autres, et Justinien, beaucoup moins affirmatif que Marcien, dit : *Et quod neque naturales liberi neque adoptivi nullo pene modo possunt cogere parentes de potestate sua eos dimittere.*

On en était arrivé en effet à obliger le père à se démettre de sa puissance paternelle en émancipant ses enfants, lorsqu'il usait vis-à-vis d'eux de mauvais traitements ou lorsqu'il les corrompait.

Trajan oblige un père à émanciper son fils *quem male contra pietatem afficiebat.*

La captivité chez l'ennemi qui faisait perdre au

citoyen romain la liberté et par suite la cité éteignait la puissance paternelle et rendait le fils de famille *sui juris*, mais il ne faut pas oublier que le droit de puissance paternelle, de même que les autres droits, renaissait en faveur du captif s'il recouvrait la liberté. C'était une conséquence de la théorie du *postliminium*, et les enfants qui avaient été *sui juris* retombaient sous la puissance de leur père.

Parmi les causes qui mettent fin à la puissance paternelle, même contre la volonté du *paterfamilias*, il faut encore compter l'élévation du fils de famille à certaines dignités importantes.

Justinien a décidé que le fils investi du titre de patrice cessera d'être soumis à la puissance paternelle.

C'est une innovation de Justinien qui s'appuyait sur un précédent. Gaius nous dit en effet que les *flamines Diales* et les vestales sont affranchis de la puissance paternelle.

Ces exceptions étaient les seules. Justinien l'a proclamé lui-même (Inst., I, liv. 12, § 4). *Filiusfamilias si militaverit vel si senator vel consul factus fuerit manet in potestate patris.*

Ce ne fut que plus tard dans la novelle 81 que Justinien décide que les consuls, les préfets, les *magistri militum* et les évêques sont libérés de la puissance paternelle par le fait même de leur élévation à cette dignité.

Cet affranchissement de la puissance paternelle par l'élévation du fils à certaines dignités, avait ceci de remarquable que l'agnation du fils restait intacte ainsi que les droits de succession qui étaient pour le fils la conséquence de cette agnation. Gaius (C., III, § 114) explique, à propos de l'adstipulation, que le fils de famille est alors affranchi de la puissance paternelle sans *capitis deminutio*, absolument comme s'il en avait été affranchi par la mort du père. Ce n'est pas ce qui avait lieu, lorsque le fils devenait *sui juris* par l'émancipation, dont nous allons parler plus loin ; l'émancipation opérait une *deminutio capitis*, et faisait perdre au fils les bénéfices de l'*agnatio*, l'émancipation était alors une peine, une privation des droits de succession. On comprend alors pourquoi l'affranchissement qui avait lieu par suite de l'élévation du fils à certaines dignités, ne pouvait pas avoir ce caractère pénal de priver l'enfant de ses droits de famille, la distinction perdit d'ailleurs de son intérêt, lorsque plus tard, par suite des réformes législatives, l'émancipation elle-même laissa subsister les droits de famille (Nov. 81, chap. 2).

Nous avons à nous occuper maintenant du cas où le *paterfamilias* se démettait volontairement de la puissance paternelle, le mode employé pour libérer un enfant de la puissance paternelle était l'émancipation ; et nous nous rappelons que le père pouvait émanciper le fils et garder les petits-fils sous sa puissance ou à l'inverse, émanciper les petits-fils et garder le fils en sa puissance.

L'émancipation était auparavant une peine pour

l'enfant. Par l'émancipation, il cessait de faire partie de la famille, de participer à la copropriété des biens, et à la mort du *paterfamilias*, il n'était pas admis à la succession légitime concurremment avec ses frères restés en puissance.

Avec le droit prétorien et la législation de Justinien, le caractère de l'émancipation change. Ce n'est plus une cause d'exclusion de la succession, et alors au lieu d'être une chose dommageable, elle devient un bienfait pour l'enfant. Comme conséquence de cette idée, l'émancipation est révocable pour cause d'ingratitude. (Frag. vat., 248, Code VIII, 50.)

Néanmoins, l'émancipation ne peut être imposée à l'enfant *filiusfamilias emancipari invitus non cogitur*. (Paul, II, 25, 5.)

Le père qui peut manciper son fils, le condamner comme juge, à des peines cruelles et même à mort, n'a pas un pouvoir suffisant pour émanciper son fils, si ce dernier résiste.

Ces sortes de contradictions se rencontrent dans le droit romain ; nous voyons, en effet, que le père qui pouvait ôter la vie à ses enfants, ne pouvait pas leur enlever la liberté. On se souvient, en effet, de la différence profonde qui existe entre l'individu *in mancipio* et l'individu *in servitute*.

Libertati a majoribus tantum impensum est, ut patribus quibus jus vitæ in liberos necisque potestas erat permissa libertatem eripere non liceret (Cod., 8, 48, 10).

Et on peut encore en donner cette raison que

l'émancipation n'a jamais été regardée comme une peine. Singulière, en effet, serait cette peine qui détruirait la puissance de celui qui l'inflige.

L'émancipation se faisait au moyen de mancipations et d'affranchissements successifs.

Il fallait, d'après la loi des Douze Tables, trois mancipations pour éteindre la puissance paternelle sur un fils, une seule mancipation suffisait pour une fille.

Celui qui affranchissait l'individu du *mancipio* avait sur lui les droits d'un patron, c'est-à-dire des droits de tutelle et d'hérédité; il était important pour le père de conserver ces droits et, pour y arriver, il mancipait l'enfant à un ami, en insérant la condition que cet ami lui remanciperait l'enfant au lieu de l'affranchir. C'était alors le père lui-même qui avait sur son enfant, non plus la puissance paternelle, elle était éteinte par suite de la *mancipatio*, mais le *mancipium*, le père affranchissait l'enfant du *mancipium*, et acquérait ainsi les droits de patron. Tel était l'objet de la clause dite de *fiducie*. Cette clause était insérée lors de l'unique mancipation, s'il s'agissait d'une fille, lors de la troisième mancipation, s'il s'agissait d'un garçon.

L'émancipation était un acte volontaire du *paterfamilias* par lequel il libérait son fils de la puissance paternelle pour en faire un citoyen *sui juris*.

Nous avons vu que l'émancipation ne pouvait être imposée au père et que son consentement était nécessaire.

Un autre moyen d'éteindre la puissance paternelle également volontaire de la part du père et pour lequel il faut le consentement du fils ou petit-fils qui y est soumis, est la dation en adoption, qui a pour but, non pas comme tout à l'heure, de rendre l'enfant *sui juris*, mais de le faire passer sous la puissance d'un autre *paterfamilias*.

Pour arriver à l'adoption on éteignait la puissance paternelle de la même manière que pour l'émancipation, lorsque le *mancipium* était entre les mains du *paterfamilias*, celui qui voulait adopter revendiquait l'enfant contre le père qui ne contredisait pas et l'adoptant acquérait ainsi la puissance paternelle sur l'enfant. Ce simulacre se passait devant le magistrat au moyen de l'action nommée *cessio in jure*.

Plus tard les formes furent simplifiées : l'émancipation et l'adoption purent avoir lieu au moyen de déclarations faites devant le magistrat compétent, l'émancipation ainsi faite aura toujours l'effet d'une émancipation faite avec contrat de fiducie. La puissance paternelle se dissout encore relativement aux filles par la *coemptio in manum mariti*; la *manus* était un pouvoir particulier qui appartenait au mari sur sa femme; la *manus* qui se rencontrait dans presque tous les mariages, n'était pas une condition nécessaire du mariage, il pouvait y avoir mariage sans que la femme fût *in manum mariti*, la *coemptio* était avec l'*usus* et la *conferraetio*, un des moyens par lesquels le mari acquérait la *manus* sur sa femme.

Nous venons de parcourir les droits du père, et les adoucissements qui ont été apportés à leur rigueur trop absolue. Malgré ces atténuations, on peut adresser trois reproches à la puissance paternelle :

1° Elle ne s'affaiblissait pas au fur et à mesure que l'enfant grandissait et ne cessait pas lorsque l'enfant était arrivé à l'âge d'homme.

2° Le père avait un rôle trop effacé vis-à-vis du grand-père chef de famille, malgré l'énorme différence des âges le père et le fils étaient égaux devant le grand-père.

3° La mère n'avait pas de participation dans l'exercice de la puissance paternelle.

ANCIEN DROIT FRANÇAIS

Le droit romain existait dans le midi de la Gaule et le puissant génie colonisateur des Romains avait fait du droit romain le droit national. Ce droit subsiste, malgré l'invasion des Barbares, et avec le droit romain se trouve l'organisation romaine, civile, politique et administrative qui comportait, ainsi que nous l'avons dit, la puissance paternelle.

A côté et dans le nord de la Gaule se trouvaient des peuples qui n'avaient pas été pénétrés comme ceux du Midi par l'influence romaine et qui avaient conservé leur organisation.

L'invasion des Barbares en se répandant sur la Gaule ne modifia pas sensiblement cet état de choses.

L'organisation de la famille romaine nous est suffisamment connue, c'est la puissance paternelle telle qu'elle existait à Rome avec les modifications qui y

avaient été apportées par les empereurs romains.
Nous n'y reviendrons pas.

Les peuples du nord de la Gaule avaient l'organisation de la famille des Germains.

Nous avons vu combien était puissante l'organisation romaine de la famille : elle reposait sur cette idée que le père était le représentant du groupe familial avec un plein pouvoir de disposer des biens et de l'utilité que pouvait procurer la personne, mais non de la personne elle-même.

L'organisation germaine de la famille était fondée sur cette idée bien différente que le père de famille était le représentant de l'agglomération familiale avec un devoir de protection.

Comme conséquence de cette idée, nous voyons que dans le droit germain, les biens appartiennent à la famille, et que le père n'a pas le droit de les aliéner.

Quant aux personnes, le père n'avait que le droit et le devoir de les protéger, il lui est interdit de vendre ses enfants, la loi des Visigoths nous en fournit une preuve. *Parentibus filios suos vendere non liceat aut donare aut oppignerare* (lex Visigoth antiq., 2). Le pouvoir protecteur du père sur ses enfants se nommait *mundium*. Sa durée dépendait des nécessités de la protection qui lui servait de fondement.

Vis-à-vis des garçons, le *mundium* durait jusqu'à l'âge où ils pouvaient se protéger eux-mêmes, c'est-à-dire jusqu'à l'âge où le fils était reconnu digne de porter le bouclier et la framée qu'il recevait dans l'assemblée de la nation.

A l'égard des filles qui avaient, toute leur vie, besoin de protection, le *mundium* durait tout le temps de leur vie. Ce droit de défendre et de protéger la jeune vierge, appartenait au père, puis au plus proche parent paternel. A défaut de parents paternels, le *mundium* appartenait au roi qui, dans la société germaine, était le protecteur de tous ses sujets, de même que le père était le protecteur de tous les membres de sa famille.

Lorsque la jeune fille se mariait, le *mundium* était remis au mari qui désormais était chargé de la défendre.

Quant aux abus de la puissance paternelle qui pouvaient se produire, les seigneurs n'en répondaient guère que devant Dieu.

Si nous jetons les yeux sur la classe inférieure, nous voyons les pères, les mères, et les enfants soumis au même pouvoir, le pouvoir du seigneur, vivant ensemble, travaillant ensemble, nous ne trouvons de place que pour la puissance naturelle du père sur les enfants ; la puissance paternelle, résultant d'une organisation civile, fait complétement défaut. La constitution sociale ne reposant pas sur la constitution des familles, mais sur la division de la société en deux classes : l'une protégée, l'autre protectrice.

Les membres de la classe protectrice sont eux-mêmes soumis, suivant la hiérarchie féodale, les uns aux autres, jusqu'au roi qui était le suzerain de tous les seigneurs.

Mais il arriva que la classe protectrice oubliant son rôle et ses devoirs, opprima ceux qu'elle devait protéger, d'un autre côté, la classe protégée parvint par son travail, son industrie, un esprit d'association bien dirigée à s'élever, de manière à balancer l'influence de la classe noble qui, de son côté, s'affaiblissait par l'oubli des vertus qui l'avaient honorée, et des devoirs qui justifiaient ses prérogatives.

C'est l'époque à laquelle l'autorité royale commence à revendiquer le droit de rendre la justice, et au nom de la protection que le roi doit à tous ses sujets ; il commence à contrôler les actes du père vis-à-vis de ses enfants.

A l'époque barbare et à l'époque féodale, il y avait un état de fait, la société n'était pas organisée. Chaque seigneur était maître dans l'étendue de son domaine, et la famille était livrée à ses intincts naturels.

A la fin de l'époque féodale le droit sous l'influence des légistes et du droit romain reprend son empire, il paraît comme se réveiller d'un long sommeil et nous trouvons dans les coutumes qui furent rédigées à cette époque, les règles concernant la puissance paternelle.

On retrouve à cette époque et après les temps féodaux la persistance des deux législations qui s'étaient partagé la France.

Au Nord, se continue le développement de cette

idée germanique que le père est le représentant et le protecteur de la société familiale.

Au Midi au contraire le père est conformément au droit romain le propriétaire de la société familiale.

La différence de ces origines et de ces principes se fait sentir dans tout le droit ancien de la France, comme nous allons le constater dans l'analyse rapide que nous allons en faire.

DROIT ÉCRIT

La législation en vigueur dans les pays de droit écrit était la législation romaine telle qu'elle existait à la fin de l'empire.

La puissance paternelle durait pendant toute la vie de l'enfant qui y était soumis et s'étendait sur les enfants du fils. Elle ne cessait que par la volonté exprimée par le père de se dessaisir de cette puissance, c'est-à-dire par l'émancipation.

En principe cette volonté d'émanciper devait être exprimée d'une manière précise et formelle.

Nous trouvons dans un livre publié par M. Ch. de Ribbes la description, d'après les papiers d'anciennes familles, de la cérémonie de l'émancipation.

La scène se passe devant un magistrat. Le père annonce son intention d'émanciper; le magistrat l'interpelle pour savoir s'il agit librement et alors ledit père, étant assis sur une chaise et son fils au-devant de lui, à deux genoux, nu tête, a mis les mains de son dit fils entre les siennes. Alors s'inclinant à la prière et réquisition d'icelui, de son pur gré, franche et libre volonté, l'a émancipé et mis en liberté et hors de la puissance paternelle, sauf naturellement l'honneur, respect et amitié que lui doit son fils stipulant et humblement remerciant.

En signe de quoi, son dit père élargissant ses mains a relaxé celles de son dit fils, l'a mis et le met en pleine liberté, le faisant père de famille pour d'hors en avant trafiquer, contracter tous actes, s'obliger personne et biens, acquérir à son profit, soit par libéralité d'autrui, soit par bonne fortune en son labeur et industrie.

Indépendamment de cette émancipation formelle qui était requise en principe, il y avait l'émancipation tacite. On présume chez le père la volonté d'émanciper dans deux cas:

1° Si l'enfant a une habitation séparée de celle de son père, pourvu que cette séparation d'habitation ne soit pas imposée par les circonstances. Elle devait subsister pendant un certain temps qui variait suivant les localités, mais qui était en général fixé à 10 ans.

2° Si l'enfant était revêtu des grandes charges publiques. C'était l'application des règles du droit romain. L'usage à cet égard variait suivant les provinces : les unes n'admettaient pas que l'émancipation résultât de plein droit d'aucune charge publique, les autres reconnaissaient à certaines fonctions seulement le pouvoir de procurer l'émancipation de plein droit. On s'accordait en général à reconnaître que le fils était émancipé lorsqu'il était élevé à la dignité de gouverneur de province, de lieutenant-général, de ministre et conseiller d'État.

Le père de famille avait le droit incontestable et absolu de diriger l'éducation de son fils et de le corriger.

Ce droit de correction était le droit tel qu'il existait dans le dernier état du droit romain.

Basset rapporte un arrêt rendu le 16 septembre 1663, par le parlement de Grenoble qui condamne aux galères perpétuelles un fils qui avait attenté à la vie de son père et à celle de sa mère. Cet arrêt a été rendu sur l'appel interjeté par le procureur général de Grenoble d'une sentence rendue par le père du coupable qui, en vertu de son pouvoir paternel, avait exclu son fils de sa succession comme indigne et l'avait condamné à 20 ans de galère.

DROIT COUTUMIER

Dans les pays de coutume le père a aussi la puissance sur ses enfants, car il ne faut pas prendre à la lettre la maxime de Loisel, qu'en pays de coutume droit de puissance paternelle n'a lieu, mais cette puissance est bien différente de celle qui a lieu dans les pays de droit écrit.

La puissance paternelle dans les pays de coutume est toute dans l'intérêt de l'enfant. Elle est, comme nous l'avons dit, le développement de cette idée germaine que le père est le représentant et le protecteur du groupe familial.

Cette idée différente de l'idée dominant dans les pays de droit écrit imprime à la puissance paternelle dans les pays de coutume un caractère tout différent, mais cela n'empêche pas que sur certains points il ne se rencontre des règles communes à la puissance paternelle de droit écrit et à la puissance paternelle de droit coutumier.

Une des différences les plus saillantes entre les deux législations consiste dans la durée de la puissance paternelle.

En pays de droit écrit elle ne cesse en principe que par la mort du père ou par la volonté formellement exprimée par lui de se dessaisir de la puissance paternelle. Elle est organisée dans l'intérêt de ce dernier et on présume difficilement qu'il renonce à son droit.

Dans les pays de coutume au contraire le père n'étant investi de la puissance paternelle que dans l'intérêt de la famille qu'il est chargé de représenter, la puissance paternelle qui lui est conférée, cesse dès que le membre de la famille qui a droit à la protection, est arrivé à ne plus avoir besoin de protection. C'est ce qui a lieu pour les filles et les garçons lorsqu'ils sont parvenus à l'âge de leur majorité.

L'émancipation a encore lieu lorsque les enfants, du consentement de leurs parents, ont un domicile séparé du domicile de leurs parents. C'est en effet une preuve évidente qu'ils étaient capables de se protéger eux-mêmes.

Le mariage contracté par le fils du consentement du père avait aussi pour effet de l'émanciper, le fils en effet devenant lui-même protecteur de sa femme, était considéré comme n'ayant plus besoin de protection.

Enfants mariés sont tenus pour hors de pain et de pot, dit Loisel.

A quel âge avait lieu l'émancipation? Il nous semble inutile d'entrer dans le détail des diverses coutumes qui fixaient l'âge auquel les enfants étaient majeurs ; il nous suffit de savoir qu'il y avait à cet égard une grande diversité et que l'âge le plus habituellement reconnu pour être celui de la majorité était l'âge de 25 ans.

Le droit coutumier reconnaissait aussi au père le droit d'émanciper son fils avant l'âge fixé par la coutume lorsqu'il le jugeait capable avant cet âge de se protéger lui-même.

Quant au droit de garde, de correction et d'éducation, il n'y avait pas de différence sensible entre le droit coutumier et le droit écrit; quel que soit en effet le principe sur lequel repose l'autorité paternelle, il est de son essence de donner au père le droit d'élever ses enfants et comme conséquence le père a le droit de garde, c'est-à-dire le droit de leur assigner une résidence et de les y faire revenir lorsqu'ils en sortent et le droit de correction qui est entre les mains du père le droit sanctionnateur des pouvoirs qui lui sont donnés et le moyen de faire respecter cette autorité si elle était méconnue.

Nous trouvons dans le droit coutumier de nombreux exemples qui nous montrent que le père avait le droit de correction, à peu près de la même manière que ce droit était accordé au père de famille dans le dernier état du droit romain, mais ce droit avait été poussé à l'excès et les tribunaux avaient dû comme en droit romain, interposer leur autorité.

En droit coutumier comme en droit écrit, le père avait un pouvoir absolu relativement au mariage de ses enfants.

Nous avons dit que le père de famille était obligé d'élever ses enfants. Comme sanction du devoir qui lui incombe, il est responsable des actes de ses enfants, et doit réparer le préjudice causé pas ses enfants, la coutume de Bretagne avait formulé cette règle ainsi :

Si l'enfant fait tort à autrui tant qu'il sera au pouvoir de son père, le père doit payer l'amende civile parce qu'il doit châtier ses enfants.

Cette disposition était adoptée dans la plupart des coutumes et elle nous semble conforme aux principes qui, selon nous, servent de base à l'organisation de la famille dans les pays de droit coutumier. Dans ces pays en effet la famille forme un groupe qui a pour représentant le père, et par conséquent si un membre de ce groupe fait tort à autrui, tout le groupe est engagé à réparer ce tort, et comme c'est le père qui en est le représentant, c'est à lui de répondre aux demandes formées contre tous.

Tout autre était la disposition du droit romain. Le père ne répondait pas du tort causé à autrui par son enfant en sa puissance, à moins que le fils n'eût un pécule et alors le père était responsable seulement dans les limites de l'importance du pécule.

La mère avait un droit de puissance sur la personne. (Lex Burg., tit. 59, liv. 14.) *Patre mortuo filii in matris potestate consistunt.*

Ce droit de puissance était accordé à la mère contrairement à ce qui avait lieu en droit romain, nous en trouvons la preuve dans Pothier, qui dit que la puissance paternelle consiste dans deux choses :

1° Dans le droit qu'ont les père et mère de gouverner la personne et les biens de leurs enfants, jusqu'à un certain âge.

2° Dans celui d'exiger de leurs enfants, certains devoirs de respect et de reconnaissance.

La mère avait la jouissance du droit de puissance paternelle, elle n'en avait pas l'exercice qui appartenait au père, mais à la mort du père, les enfants tombaient sous la puissance de la mère.

La mère, si elle se remariait, perdait dans quelques coutumes son droit de puissance parternelle, mais dans d'autres coutumes son nouveau mari trouvait ce droit dans les biens de sa femme, et l'exerçait en vertu de son pouvoir marital, de même qu'il exerçait les autres droits.

Il en était ainsi dans la coutume de Liége où il est dit : Les enfants de mariage légitime sont en la puissance de leur père, et advenant la mort d'icelui, tombent en la puissance et mainbournie de leur mère et si elle se remarie en celle de leur parâtre.

L'enfant naturel, le bâtard, n'existait pas dans la famille. Un bâtard est entendu hors de pain, dès lors qu'il est né, disait-on. Ce qui veut dire que la puissance paternelle n'existait pas pour lui.

Mais si le bâtard n'était pas comme l'enfant légitime, soumis à la puissance paternelle, le bâtard était protégé en ce sens que ses père et mère étaient obligés de le nourrir et de l'élever.

Qui a fait l'enfant doit le nourrir. L'obligation des père et mère naturels vis-à-vis de leur enfant était même assez étroite, il ne suffisait pas en effet d'une nourriture et d'une éducation quelconque, elle devait être en rapport avec la fortune et la position des parents naturels.

M. Chardon, dans son Traité des trois puissances, cite un arrêt du parlement de Paris, du 18 juin 1607, par lequel un père qui ne voulait faire apprendre à ses enfants naturels que le métier de boucher, serger ou boulanger, fut condamné à leur donner une profession moins vile.

Le pouvoir paternel dans les pays coutumiers et dans les pays de droit écrit, avait été détourné de son but. Des abus s'étaient produits surtout en ce qui concernait le droit de correction. Des pères s'étaient rencontrés qui avaient abusé de leur puissance pour contraindre leurs enfants à des actes auxquels ne devait pas s'étendre la volonté paternelle. Il en résulta que cette puissance se déconsidéra par son exagération, et qu'elle devint odieuse par des actes de rigueur et de cruauté excessives.

Les législateurs antérieurs au Code civil, préoccupés de cette idée que le pouvoir paternel était un despotisme, le réduisirent au point de vue de l'étendue du droit qui ne fut plus accordé au père, que jusqu'à la majorité, c'est-à-dire jusqu'à 21 ans, et au point de vue du droit de correction qui fut restreint dans des limites très-étroites, avec l'obligation de l'exercer avec le concours du magistrat et de la famille. Enfin le père n'eut plus le droit de tester ce qui était encore lui retirer une sanction de son pouvoir, un moyen de punir ou de récompenser la conduite de ses enfants.

En un mot le législateur en détruisant l'autorité du chef du groupe familial, détruisit le groupe lui-même.

DROIT FRANÇAIS

DE LA PUISSANCE PATERNELLE
SUR LA PERSONNE DE L'ENFANT

Nous avons vu le caractère absolu de la puissance paternelle s'atténuer dans le dernier état du droit romain, par suite de l'intervention du pouvoir social, qui a exercé son contrôle sur le droit du père, et s'est attribué plusieurs de ses prérogatives.

Cette puissance paternelle du droit romain subsiste dans le midi de la France, qu'on a nommé Pays de droit écrit, tandis que dans le nord de la France, désigné sous le nom de Pays de droit coutumier, se trouve une puissance paternelle différente.

Le point commun de ces deux puissances paternelles est qu'elles servent de base à la constitution de la société par une puissante constitution de la famille.

Dans la puissance paternelle des pays de droit écrit, le père nous a paru être propriétaire de la personne et des biens composant le groupe familial.

Dans les pays de droit coutumier, le père nous a paru être le protecteur et le représentant des personnes et des biens composant le groupe familial.

Le droit intermédiaire a brisé cette organisation de la famille, il a proclamé que les enfants étaient complétement indépendants des parents et admis la jouissance divise des biens, au profit de chacun des membres composant le groupe familial.

Nous allons voir comment le Code civil a organisé la puissance paternelle et la famille.

Quelle est la situation légale du père et de la mère vis-à-vis de l'enfant, quels sont les droits dont ils jouissent pour l'accomplissement du devoir d'élever leurs enfants, qui leur est prescrit par la loi naturelle et par la loi civile? Quelles sont les obligations qui leur sont imposées ?

Les droits du père et de la mère se résument en un mot la puissance paternelle.

Ils se composent du droit de garde, du droit de correction et du droit d'éducation.

Il convient d'étudier ces droits de garde, d'éducation et de correction:

1° Entre les mains du père et de la mère pendant le mariage.

2° Entre les mains du père survivant en distinguant s'il est ou s'il n'est pas remarié.

3° Entre les mains de la mère survivante en distinguant également si elle est ou si elle n'est pas remariée.

4° En cas de séparation de corps.

5° Entre les mains du père et de la mère naturels.

6° Enfin il y a lieu d'étudier comme conséquence de la puissance paternelle la responsabilité civile qui incombe au père et à la mère à raison du fait de leurs enfants.

A côté des droits de garde, d'éducation et de correction qui sont accordés au père et à la mère vis-à-vis de leurs enfants, se placent d'autres droits qui dérivent également de la puissance paternelle et qui sont accordés au père et à la mère plutôt vis-à-vis du jeune homme que vis-à-vis de l'enfant. Le caractère dominant de ces droits est la protection, la direction, le conseil ; ce sont les droits de consentir au mariage, à l'adoption, à l'entrée dans certaines carrières, le droit de désigner le tuteur.

Il y aura lieu ensuite de s'arrêter sur les causes qui mettent fin à la puissance paternelle et qui sont la majorité de l'enfant, son émancipation et les décisions judiciaires.

La puissance paternelle est de droit naturel et la loi civile ne fait que sanctionner et reconnaître ce droit. Jean Bodin, dans son ouvrage sur la *République*, s'exprimait ainsi : « le prince commande aux » sujets, le magistrat aux citoyens, le maître aux » disciples, le capitaine aux soldats, mais de tous » ceux-là il n'y en a pas un à qui nature donne » aucun pouvoir de commander, hormis au père qui

» est la vraie image du grand Dieu souverain, père
» universel de toutes choses » (ch. IV, p. 29).

C'est dans le mariage que se trouve le fondemen'.
de la puissance paternelle ; l'art. 203 du Code civil
consacre en ces termes l'obligation qui incombe aux
père et mère d'élever leurs enfants :

« Les époux contractent ensemble, par le seul fait
» du mariage, l'obligation de nourrir, entretenir et
» élever leurs enfants. »

Et pour rendre cette tâche plus facile aux père et
mère l'art. 372 ajoute que l'enfant reste sous leur
autorité jusqu'à sa majorité ou à son émancipa-
tion.

Comme conséquence de ces deux dispositions le
législateur a accordé au père et à la mère les droits
énumérés au titre de la puissance paternelle.

Il résulte de l'art. 372 que le législateur a accordé
la puissance paternelle non pas au père tout seul,
mais au père et à la mère ; l'article dit en effet que
l'enfant demeure sous leur autorité. Le droit de la
mère à l'exercice de la puissance paternelle a été
formellement reconnu dans la séance du 1ᵉʳ germinal
an XI où l'on disait : « Il (le père) est considéré en
» effet comme le chef de la famille par les principes
» admis sur le mariage ; il est dans l'ordre et c'est
» une conséquence qu'il en ait les prérogatives ; le
» pouvoir, s'il était en même temps partagé entre
» plusieurs, s'affaiblirait par cela même et tomberait
» en sens contraire de son institution. Le projet de
» loi n'entend pas par là ne pas associer la mère à

» cette magistrature;elle l'exerce à son tour et prend
» la place du père s'il vient à manquer. »

Ce que nous venons de dire indique dans quel sens
il faut entendre ces mots de l'art. 373 : « Le père seul
» exerce cette autorité pendant le mariage », c'est-à-
dire que les droits du père et de la mère sont égaux,
et que toutes les fois que, par une circonstance quel-
conque, le père ne fait plus obstacle à l'exercice par
la mère de l'autorité paternelle, la mère exerce cette
autorité avec toute la plénitude des pouvoirs qui
sont donnés au père, à moins toutefois que nous ne
trouvions un texte formel qui en dispose autrement.

Investis de l'autorité qui leur est reconnue par les
art. 372 et 373, le père et la mère sont maîtres de
décider de l'endroit où l'enfant sera élevé, de la ma-
nière dont il sera instruit, du genre d'éducation qu'il
recevra et de l'opportunité de vaincre sa nature
rebelle ou de punir ses fautes en le faisant enfermer
par voie de correction paternelle.

La loi a reconnu à l'autorité qu'elle établissait en
faveur du père et de la mère un caractère d'ordre
public et, malgré la liberté dont jouissent les con-
ventions matrimoniales, il est défendu par l'arti-
cle 1388 de stipuler dans un contrat de mariage des
clauses dérogatoires à la puissance des parents sur
la personne des enfants.

Montesquieu nous donne la mesure de l'impor-
tance qu'il convient d'attacher à cette autorité.
« C'est une marque de beaucoup de sagesse dans un
» législateur lorsqu'il accorde aux pères une grande

» autorité sur.leurs enfants, rien ne soulage plus les
» magistrats, rien ne dégarnit plus les tribunaux,
» rien ne répand plus de tranquillité dans un État où
» les mœurs font toujours de meilleurs citoyens que
» les lois. » Et au conseil d'État M. Malleville faisait
ressortir ce caractère d'intérêt général d'ordre pu-
blic qu'il faut attribuer à la puissance paternelle
lorsqu'il disait :

« C'est surtout dans un État libre qu'il faut donner
» un grand ressort à l'autorité paternelle parce que
» c'est d'elle que dépend principalement la conser-
» vation des mœurs et le maintien de la tranquillité
» publique, la puissance paternelle est la providence
» des familles comme le gouvernement est la provi-
» dence de la société, et quel ressort, quelle tension
» ne faudrait-il pas dans un gouvernement qui serait
» obligé de surveiller tout par lui-même, et qui ne
» pourrait se reposer sur l'autorité des pères de fa-
» mille pour suppléer les lois, corriger les mœurs,
» préparer l'obéissance. »

Puissance paternelle pendant le mariage

Pendant le mariage le père et la mère ont à titre
égal la puissance paternelle mais la mère n'exerce
pas cette puissance.

Les droits de la puissance paternelle, sont le droit
de garde, le droit d'éducation, le droit de correction.

Dans le droit de garde le père trouve le moyen d'empêcher que le fils échappe à son autorité; l'article 374 dispose que l'enfant ne peut quitter la maison paternelle sans la permission de son père.

Si au mépris de l'autorité paternelle l'enfant quitte la maison de son père ou toute autre maison dans laquelle il a été placé par son père, ce dernier a très-certainement une action pour l'y faire revenir : il suffit au père de présenter une requête au président du tribunal qui, sur la justification qui lui sera faite de la qualité du demandeur, enjoindra aux déposi-taires de la force publique d'assister le père dans ses recherches et de lui prêter main-forte pour vaincre les résistances que le père pourrait rencontrer à l'exercice légitime de son droit.

Cette faculté accordée au père de résister victorieu-sement soit à un étranger qui veut soustraire son enfant à son autorité, soit à son enfant lui-même qui voudrait échapper à son pouvoir en quittant le domicile paternel, ne souffre qu'une exception.

Cette exception était admise déjà dans l'ancien droit : on décidait qu'un fils peut quitter la maison de son père sans le consentement de ce dernier, lors-qu'il s'agissait du service du roi.

La loi du 21 mars 1832, modifiant quant à l'âge seulement l'art. 374 du Code civil, décide conformé-ment au principe de l'ancien droit, que l'enfant pourra à vingt ans s'engager dans les armées malgré la volonté de son père.

Cette atteinte à la puissance paternelle ne nous

paraît pas suffisamment justifiée par la raison d'utilité publique qui doit, dit-on, vaincre la résistance paternelle et nous croyons que l'intérêt général n'eût pas été mis en péril si on avait attendu l'âge de 21 ans pour permettre au fils de s'enrôler.

Nous avons supposé que l'enfant s'était volontairement enfui du domicile paternel et nous avons vu que le père avait le droit et le moyen de l'y ramener.

Si l'enfant est parti du domicile paternel non pas de son propre mouvement, mais par suite d'un délit ou d'un crime, le père aura incontestablement le droit de faire revenir l'enfant sous son pouvoir et en outre il pourra porter plainte contre l'auteur de l'attentat commis contre l'enfant et l'autorité du père de famille; le coupable sera passible des peines portées par les art. 354, 355, 356 du Code pénal qui punissent tous les attentats à l'autorité ou à la direction sous laquelle l'enfant est placé sans distinguer la fraude, l'enlèvement, la violence, l'entraînement, le détournement, le déplacement, l'action directe ou indirecte par autrui.

Il peut arriver que l'enfant ait été remis par le père lui-même entre les mains de tierces personnes et que ces personnes refusent ensuite de restituer le dépôt qui leur a été confié.

Ce fait s'est présenté en 1864 : un père avait confié ses deux filles à son beau-père et voulut les reprendre ensuite; le beau-père refusa de s'en séparer; le père s'adressa alors au président des référés qui décida qu'il n'y avait pas d'urgence et refusa de remettre immédiatement les deux filles à leur père.

Cette décision a été confirmée par arrêt de la Cour de Paris du 1er avril 1865 qui se fonde sur ce que le père ne fait pas connaître les motifs de sa demande et que les circonstances de la cause n'établissent pas l'urgence de la demande du père et semblent au contraire militer en faveur de la prolongation de leur séjour hors de la maison paternelle.

Cet arrêt, inspiré probablement par des circonstances de fait toutes particulières à la cause, ne nous paraît pas juridique. Le juge des référés, saisi de la réclamation d'un père qui demande à reprendre la garde de ses enfants, doit immédiatement ordonner que les enfants seront rendus au père. Il y a là une urgence manifeste et du moment que la qualité de père n'est pas contestée, le juge des référés ne peut pas, sans violer la loi, se refuser à appliquer les conséquences résultant de la reconnaissance de cette qualité du père et qui sont écrites dans l'art. 372.

L'autorité et le caractère de la puissance paternelle s'opposeraient également à ce qu'un maître de pension non payé refusât de rendre un enfant à son père et voulût le conserver par droit de rétention pour assurer le payement de ce qui lui serait dû.

En matière d'éducation, de direction morale et religieuse, le père et la mère sont complétement libres de suivre à l'égard de leurs enfants les inspirations qui leur sont suggérées par leur tendresse et leur amour paternel, ils ont également pleine et entière liberté de les diriger vers la carrière qu'ils croient le plus en rapport avec leurs aptitudes, et de leur faire donner une instruction plus ou moins complète, ils peuvent même ne leur en faire donner aucune, car il n'y a pas jusqu'à présent de loi qui les y oblige.

Mais il ne faut pas oublier qu'en cas de désaccord sur l'un de ces points entre le père et la mère, c'est la volonté du père qui fait loi.

Lorsque le père et la mère sont de religions différentes, il s'élève parfois des difficultés sur le point de savoir si l'enfant sera élevé dans la religion de son père ou bien dans celle de sa mère, c'est au père qu'il appartient de le décider, et le père ne peut pas à l'avance engager sa liberté d'action, la stipulation qui serait faite même par contrat de mariage, que les enfants seront élevés dans telle religion est frappée d'une nullité absolue aux termes de l'art. 1388 du Code civil. Il est également hors de doute que le père est maître de s'opposer à ce que son fils soit baptisé et à ce qu'il reçoive une instruction religieuse quelconque.

Le père peut abuser de son pouvoir, et l'on comprend combien dans certains cas doivent être pénibles les décisions absolues du père. Nous reviendrons sur ce point.

L'autorité paternelle n'est pas dépourvue de sanction, le législateur a prévu le cas où le père aurait besoin de moyens violents, soit pour faire respecter son autorité méconnue, soit pour châtier des écarts graves, et il a permis au père de faire emprisonner son fils. Ce droit de correction est réglementé avec le plus grand soin.

On distingue pour l'exercice de ce droit de correction deux cas ;

1º Le cas où le père agit par voie d'autorité ;

2º Le cas où le père agit par voie de réquisition.

Lorsque le père agit par voie d'autorité, il s'adresse au président du tribunal de son domicile, et ce dernier est tenu de délivrer au père l'ordre d'arrestation de l'enfant.

La voie d'autorité n'est permise que lorsque l'enfant est âgé de moins de 16 ans, qu'il n'a pas de biens personnels ou qu'il n'exerce pas d'état.

Le temps de la détention dans ce cas ne pourra excéder un mois.

Dans les autres circonstances, c'est-à-dire lorsque l'enfant sera âgé de plus de 16 ans, ou lorsque bien que âgé de moins de 16 ans, il aura des biens personnels, ou qu'il exercera un état, le père devra s'adresser au président du tribunal comme dans le premier cas, car il faut toujours pour emprisonner quelqu'un, un ordre émané du pouvoir judiciaire, mais à la différence de ce qui a lieu dans le premier cas, le président devra en conférer avec le ministère public et il pourra refuser l'ordre d'arrestation.

Dans ce cas le temps de la détention qui peut être requise par le père contre son enfant, peut s'étendre jusqu'à six mois. Mais le président a la faculté en même temps qu'il accorde l'ordre d'arrestation de diminuer la durée de la détention demandée par le

père. Il est bien entendu que le président du tribu-
nal n'a pas la faculté d'augmenter la durée de la dé-
tention requise par le père, l'intervention du magis-
trat est organisée afin de modérer, d'adoucir l'action
du père, et non pas afin de la rendre plus pesante.
Le magistrat est ici plutôt un conseil qu'un juge.

Qu'arriverait-il si le président du tribunal auquel
le père s'adresse pour faire détenir son enfant refu-
sait de délivrer l'ordre d'arrestation?

Ce refus peut se présenter dans deux circonstances
distinctes :

1° Lorsqu'il s'agit d'un enfant que le père a le
droit de faire détenir par voie d'autorité;

2° Lorsqu'il s'agit d'un enfant que le père veut
faire détenir par voie de réquisition.

Dans le premier cas on ne comprend pas le refus
du magistrat, il n'y a aucune appréciation à faire, il
s'agit de vérifier seulement si l'enfant se trouve dans
les conditions requises pour que le père puisse em-
ployer vis-à-vis de lui la voie d'autorité, cette véri-
fication toute matérielle une fois faite, l'ordre d'ar-
restation en est la conséquence, et si, dans cette
circonstance, le magistrat auquel on s'adresse refu-
sait l'ordre d'arrestation, nous pensons que l'on
pourrait porter plainte contre le magistrat, et au
besoin le poursuivre comme coupable de déni de jus-
tice.

Lorsque le père procède par voie de réquisition
la question change d'aspect, la loi confie alors au
magistrat, non plus une simple opération de vérifi-

cation à la suite de laquelle il doit donner un ordre d'arrestation, il est établi juge et appréciateur du point de savoir s'il doit accorder l'ordre d'arrestation et s'il doit réduire le temps de la détention requise par le père.

Le père qui croit avoir à se plaindre de la décision du président qui refuse l'arrestation ou en réduit la durée, peut-il se pourvoir contre cette décision ?

Nous ne le croyons pas, et cela pour plusieurs raisons.

La loi a subordonné l'exercice du droit de correction à l'obtention de l'ordonnance du président ; si le père ne l'obtient pas, il se trouve dans la situation de la mère survivante qui ne peut obtenir le concours des deux plus proches parents, et son droit de correction se trouve paralysé. Si l'on admettait que le père pût se pourvoir, il devrait le faire par voie d'opposition devant le tribunal, puisqu'il s'agit d'un acte de juridiction gracieuse, et le jugement que rendrait le tribunal pourrait lui-même être déféré à la Cour d'appel. Ces instances ne pourraient pas être poursuivies contre le président directement, c'est évident. Il faudrait donc nommer à l'enfant un tuteur *ad hoc* pour défendre à l'instance suivie par le père. Cette procédure et la publicité qu'elle entraîne nous semblent être absolument contraires aux vœux du législateur qui veut, dans l'intérêt de l'enfant lui-même, que tout se passe le plus secrètement possible.

Nous verrons plus loin, en effet, que l'art. 378

dit qu'il n'y aura aucune écriture ni formalité judiciaires, si ce n'est l'ordre même d'arrestation, et lorsque l'art. 382, en faveur de la liberté, organise une voie de recours pour le fils détenu contre l'ordonnance obtenue par le père, le législateur indique en même temps une procédure spéciale qui soustrait la connaissance de l'affaire à la grande publicité des audiences.

On comprend le motif qui a déterminé le législateur à retirer au père le droit de faire détenir par voie d'autorité, et sans contrôle, l'enfant mineur de seize ans qui exerce un état. Cette détention peut avoir, en effet, des conséquences très-fâcheuses pour l'avenir de l'enfant, et peut-être était-il bon que la décision du père fût soumise à l'appréciation de la justice.

Mais, dans le cas où l'enfant mineur de seize ans a des biens personnels, nous ne voyons pas la raison qui a pu déterminer le législateur à restreindre le pouvoir du père, et aucune des explications qui ont été données, ne nous a paru justifier cette disposition.

Lorsque l'enfant est détenu, il peut adresser un mémoire au procureur général près la Cour. Celui-ci se fait rendre compte et fait son rapport au président de la Cour, qui, après en avoir donné avis au père et avoir recueilli tous les renseignements, pourra révoquer ou modifier l'ordre d'arrestation.

Il faut remarquer que l'art. 382 du Code civil, en accordant à l'enfant cette faculté d'interjeter appel de la décision du président du tribunal, se sert de ces expressions : l'enfant détenu, ce qui implique que l'appel de l'enfant n'est pas suspensif et que provisoirement il doit faire acte de déférence vis-à-vis de l'autorité paternelle en se rendant en prison, et que ce n'est qu'ensuite qu'il peut employer le recours que la loi a mis à sa disposition.

On s'est demandé si cette voie de recours qui se trouve réglementée dans l'art. 382, relatif aux enfants qui ont des biens personnels ou qui exercent un état ne concernait que ces derniers, ou bien s'il fallait l'étendre à tous ceux qui sont détenus par voie de réquisition.

Nous pensons qu'il faut adopter cette dernière opinion et décider que toutes les fois que le législateur a cru qu'il était nécessaire d'accorder à l'enfant la garantie de l'intervention judiciaire, il lui a accordé aussi la faculté d'appel. Cette décision n'est peut-être pas conforme au texte de la loi, mais l'esprit de la loi nous paraît la justifier suffisamment.

Mais ce qui est hors de doute, c'est que le droit d'appel ne peut être accordé à l'enfant détenu par voie d'autorité ; la souveraineté absolue du droit du père ne laisse pas place à une réformation par la Cour d'une décision qui n'est que l'enregistrement et la consécration par le président du tribunal de la volonté du père.

Quel que soit le mode de détention qui ait été appliqué, soit la voie de réquisition, soit la voie d'autorité, le père est toujours maitre de reprendre son fils et d'arrêter immédiatement le cours de la détention ; c'est l'exercice du droit de grâce.

Une autre disposition qui s'applique également aux deux modes de détention, c'est la suppression de toutes écritures, de tous motifs qui pourraient plus tard par leur révélation nuire à l'avenir de l'enfant. Tout se passe en secret, de manière à ne pas laisser de traces, l'ordre seul d'arrestation, sans indication de motifs, telle est la seule pièce qui doit être écrite.

L'art. 378 impose au père l'obligation de souscrire une soumission de payer tous les frais et de fournir les aliments convenables.

Cette disposition est justifiée par ce motif qu'il ne fallait pas que le père trouvât dans la correction de son enfant une exonération de la charge qu'il a de pourvoir à sa nourriture et à son entretien. Mais ce qui eût été une économie pour les gens aisés chez lesquels les frais de nourriture de l'enfant dans la maison paternelle étaient plus élevés que la somme réclamée par l'État pour la nourriture donnée dans la prison, devenait une charge très-lourde pour les pauvres gens et amenait cette conséquence qu'ils étaient dans l'impossibilité d'user de ce mode de sanction de leur autorité paternelle. On y remédia, en permettant aux magistrats de dispenser le père, de l'obligation de fournir les aliments.

Néanmoins cette iustitution de la correction paternelle ne rend pas tous les services qu'on pourrait en attendre. Il faudrait, comme le dit M. Debelleyme, pour diriger une maison de correction paternelle, un homme instruit, un pédagogue, plutôt qu'un geôlier ; une instruction et du travail plutôt que le régime des prisons et une maison bien dirigée pourrait rendre de grands services à la société. N'attendez pas, dit encore M. Debelleyme, que le tribunal correctionnel ordonne la détention desenfants, à défaut de discernement, jusqu'à leur majorité, parce que cette détention punit et ne corrige pas.

Il faut donc améliorer les maisons destinées à la correction paternelle d'une part, et d'autre part rendre cette correction plus facile pour les parents. C'est l'œuvre qui a été entreprise à Mettray, par M. Demetz, ancien conseiller à la Cour de Paris qui, sous le nom de maison paternelle a créé un vévéritable collége. La maison de correction ne peut être efficace et rendre des services que si elle imite le collége, l'opinion publique ne s'y est pas trompée, et les maisons de correction paternelle ont reçu la nomination significative de collége des pauvres.

Il peut arriver que, malgré la peine de la détention qui lui a été infligée, l'enfant retombe dans de nouveaux écarts ; le père peut le faire détenir de nouveau, en se conformant aux distinctions précédemment établies; en usant de son droit, le père ne l'a pas épuisé, et il reste dans ses mains ce qu'il était avant. C'est ce que l'article 370 prend soin de nous dire.

Nous avons vu quels sont les droits du père, leur caractère absolu et leur étendue qui peut aller jusqu'à priver leur enfant de la liberté, qu'arriverait-il si un père abusait des pouvoirs qu'il tient de la nature et qui sont sanctionnés par la loi?

De semblables abus se présenteront rarement, mais enfin ils peuvent arriver, de quelle manière parviendra-t-on à concilier le respect et l'indépendance de la puissance paternelle avec le droit de protection que la société a le devoir d'exercer sur tous les membres qui la composent, et plus spécialement sur les enfants qui sont moins que d'autres capables de se défendre?

Que le père se livre envers son enfant aux plus graves excès, à des violences, à des brutalités intolérables, que les mauvais traitements mettent en péril la santé, et peut-être l'intelligence de la victime, que le père laisse l'enfant manquer de tout, que la maison paternelle soit un lieu d'ivrognerie, de débauche, une école d'immoralité, ne pourra-t-on pas venir au secours de l'enfant?

Si les faits ont une certaine gravité, le père sera justiciable du Code pénal, mais les actes du père peuvent être de telle nature qu'ils échappent à une répression, et que cependant ils causent à l'enfant le plus grand préjudice. On peut supposer que le père interdise arbitrairement tous rapports entre ses enfants et ses ascendants paternels ou maternels, que le père s'oppose à ce que ses enfants reçoivent une instruction morale et religieuse.

Le pouvoir paternel est-il tellement absolu qu'il échappe à tout contrôle?

La raison, la morale, l'humanité n'exigent-elles pas qu'on vienne au secours de l'enfant dans l'intérêt même de l'ordre public.

Plusieurs auteurs ont admis que dans ce cas les actes du père pourraient être déférés aux tribunaux qui auraient un pouvoir d'appréciation.

D'autres au contraire, partisans de l'autorité absolue et sans contrôle du père de famille, pensent que l'intervention de la justice dans la famille est une chose bien grave et qu'elle ne doit être admise que très-rarement et lorsqu'il y a nécessité absolue.

Dans la doctrine de ceux qui admettent le recours aux tribunaux contre les actes du père, les uns soutiennent que ce sont les parents du mineur qui doivent intenter l'action, d'autres décident que le ministère public doit intervenir et prendre en main l'intérêt du mineur en vertu de l'art. 46 de la loi du 20 avril 1810.

Nous ne croyons pas que les parents ou le ministère public aient reçu de la loi des pouvoirs suffisants, pour s'interposer entre le père et l'enfant, et nous pensons que cette intervention serait plus dangereuse qu'utile.

Nous croyons que le seul et le meilleur juge de déférer à la justice les actes du père, c'est encore la mère, et la mère n'agira certainement que s'il y a nécessité absolue et si l'intérêt de l'enfant le réclame, deux garanties qu'on ne rencontre pas au même degré, dans l'immixtion des parents et du ministère public.

Il nous semble aussi que la mère peut puiser dans les textes le principe d'une action ; elle a en effet aux termes de l'art. 203 du Code civil pris avec son mari, l'obligation de nourrir, élever et entretenir ses enfants, elle peut donc contraindre son mari à l'accomplissement de l'obligation commune ; de plus, l'article 372 lui a conféré la jouissance de cette puissance paternelle dont le mari a l'exercice, cela lui suffit pour s'adresser aux tribunaux et demander l'autorisation d'ester en justice pour y venir défendre l'intérêt de ses enfants.

Nous voyons à cette solution l'avantage que le magistrat auquel la femme est obligée de s'adresser pour plaider pourra faire à la mère des observations qui la détourneront d'une action téméraire et mal fondée.

Dans le cas d'ailleurs où les agissements du père exigent impérieusement que la justice intervienne dans l'intérêt des enfants, la mère, si elle ne peut prendre directement la défense de ses enfants, intentera contre son mari une demande en séparation de corps et les tribunaux seront tout disposés à voir dans la conduite du père vis-à-vis des enfants une injure grave s'adressant indirectement à l'épouse et prononceront la séparation de corps qui permettra, par voie de conséquences, de retirer au père la garde et la surveillance de ses enfants. C'est ce qui est arrivé récemment dans une espèce jugée par la Cour de Lyon le 25 mars 1873. La Cour a vu une injure grave dans le refus par le père de laisser baptiser son enfant et ce fait rapproché d'autres circonstances lui a paru suffisant pour prononcer la séparation de corps.

N'est-il pas préférable d'accorder une action directe à la mère dans certains cas, que de l'obliger à avoir recours au remède de la séparation de corps pour protéger ses enfants contre les abus du pouvoir paternel? Si la mère n'agissait pas, ou si, de concert avec le père, elle compromettait la santé ou l'intelligence de l'enfant, ou encore si tous deux lui donnaient des principes d'immoralité, dans ce cas nous n'hésiterions plus à accorder au ministère public le droit d'agir et de provoquer des mesures de protection.

Il s'est présenté devant les tribunaux la question de savoir si le père avait le droit d'interdire toutes relations entre l'enfant et des parents soit paternels, soit maternels de l'enfant. Les parents exclus se sont adressés à la justice et la question a été décidée diversement. Les cours du Midi ont presque toujours décidé que le père avait le droit d'empêcher toute communication entre ses enfants et d'autres membres de sa famille et qu'il ne devait compte à personne des motifs qui le déterminaient à agir ainsi.

Les cours du Nord, au contraire, décident généralement que les tribunaux ont le droit de peser les considérations qui ont amené le père à prendre cette décision, et qu'il leur appartient d'accorder ou de refuser leur sanction à la volonté paternelle.

Nous préférons la jurisprudence des cours du Midi

que nous trouvons plus juridique et, s'il y avait lieu de se pourvoir contre l'exclusion prononcée par le père vis-à-vis de certains membres de la famille, c'est à la mère que le droit doit appartenir et non pas aux membres exclus. Lorsque le père et la mère sont d'accord pour éloigner de leurs enfants certains membres de la famille, leur volonté doit être souveraine et respectée et il ne faut pas que les parents exclus puissent les obliger à venir déduire devant la justice les motifs de leur refus.

Nous avons terminé l'examen des droits de la puissance paternelle pendant le mariage. Nous allons voir les modifications apportées à cette puissance par les changements qui peuvent survenir dans la constitution de la famille.

PUISSANCE PATERNELLE ENTRE LES MAINS DU PÈRE SURVIVANT

Lorsque le mariage est dissous par la mort de la femme, le père est de droit le tuteur de son enfant mineur.

« Après la dissolution du mariage arrivée par la
» mort naturelle ou civile de l'un des époux, la tu-
» telle des enfants mineurs et non émancipés appar-
» tient de plein droit au survivant. » (Art. 390,
C. civ.)

Néanmoins, le père n'est pas privé de son droit de

puissance paternelle pour être réduit au rôle d'un tuteur.

Il faut distinguer : le père avait des droits sur la personne et sur les biens de son enfant, à la dissolution du mariage arrivée par la mort de la mère, le père conserve intacts ses droits sur la personne de son enfant. Ses droits sur les biens sont seuls modifiés. Mais il faut bien remarquer que le père ne conserve ses droits dans toute leur plénitude sur la personne de ses enfants qu'à la condition de ne pas se remarier. S'il contracte un nouveau mariage, la loi modifie en un point son droit de puissance paternelle. Le droit de correction ne peut plus être exercé par voie d'autorité par le père remarié, l'article 380 le dit formellement : « Si le père est remarié, » il sera tenu, pour faire détenir son enfant du pre- » mier lit, lors même qu'il serait âgé de moins de 16 » ans, de se conformer à l'art. 377. »

On a craint que les influences résultant d'un second mariage ne vinssent altérer cet amour paternel sans lequel on ne comprend pas le droit absolu et sans contrôle qui donne au père le pouvoir de priver son fils de sa liberté. Hormis cette seule modification, le pouvoir du père veuf ou remarié sur la personne de ses enfants reste ce qu'il était avant la dissolution du mariage.

PUISSANCE PATERNELLE ENTRE LES MAINS DE LA MÈRE
SURVIVANTE

Si le pouvoir du père ne reçoit pas d'atteinte sensible par la dissolution du mariage, nous allons voir qu'il en est autrement du pouvoir de la mère.

La mère, pendant le mariage, a virtuellement la puissance paternelle, mais l'exercice de cette puissance appartient au mari ; à la dissolution du mariage, la mère devient tutrice relativement aux biens de ses enfants mineurs ; mais, en ce qui concerne leur personne, elle continue à avoir sur eux les droits de la puissance paternelle. Pendant le mariage, son mari exerçait ces droits, aujourd'hui c'est elle-même qui les exerce ; mais, en laissant l'exercice des droits de puissance paternelle entre les mains de la veuve, la loi a mis à son pouvoir quelques restrictions qui diffèrent selon que la femme est ou n'est pas remariée.

Ces modifications portent sur le droit de correction, la mère survivante et non remariée, n'a le droit de correction que d'une manière bien restreinte. D'abord elle n'a jamais le droit de faire détenir son fils par voie d'autorité, mais le législateur ne s'est pas arrêté là, il ne s'est pas contenté de la garantie qui résulterait de l'obligation de s'adresser au président du tribunal qui accorde ou refuse l'autorisation. L'art. 381 décide que la mère survivante et non re-

mariée devra toujours, alors même que l'enfant se-
rait âgé de moins de seize ans se conformer aux
prescriptions de l'art. 377 et s'adresser au prési-
dent du tribunal, cet article exige en outre qu'elle
obtienne le concours de deux des plus proches pa-
rents de l'enfant.

Il peut arriver que l'enfant n'ait pas de parents
paternels.

Dans cette circonstance comment s'exercera le
droit de correction de la mère veuve et non remariée?
Il y a à cet égard trois opinions.

Les uns soutiennent que dans cette hypothèse
la veuve a perdu son droit de correction puisque la
condition à laquelle la loi en avait soumis l'exercice,
fait défaut.

D'autres soutiennent qu'elle pourra s'adresser di-
rectement au président et réclamer de ce magistrat
l'ordre d'arrestation comme pourrait le faire le père
lorsque la loi lui impose l'obligation d'agir par voie
de réquisition.

Les autres, et cette opinion nous paraît préférable,
prétendent qu'à défaut de parents paternels on
appliquera par analogie les dispositions de l'art. 409
relatif à la composition des conseils de famille et qui
permet pour la formation de ce conseil, d'appeler
des alliés ou même des amis, en cas d'absence ou
d'insuffisance en nombre des plus proches parents.

Il y a en effet la plus grande analogie et les garan-
ties résultant du concours de ces personnes et de l'in-
tervention du magistrat sont suffisantes. Si le droit

de correction a été accordé à la mère, c'est que le législateur a pensé qu'il pouvait être utile entre ses mains; l'exercice de ce droit a été rendu bien difficile par les exigences exagérées de la loi, il ne faut pas aller au-delà et le rendre impossible.

Lorsque la mère survivante est remariée, elle perd complétement et d'une manière absolue, son droit de correction; l'art. 381 n'accorde ce droit qu'à la mère survivante et non remariée.

Mais si le veuvage a pour effet de modifier et de restreindre considérablement le droit de correction entre les mains de la mère, si le second mariage de la veuve a pour résultat de lui retirer complétement ce droit, ni le veuvage ni le second mariage n'ont pour effet de lui retirer les attributions de la puissance paternelle, qui lui sont conférées par l'art. 372.

C'est ainsi que la mère survivante continue à avoir sur la personne de ses enfants mineurs les droits de garde et d'éducation et qu'elle peut exercer ces droits en vertu de son droit propre de puissance paternelle et non pas en vertu des pouvoirs qu'elle a comme tutrice sous la surveillance du conseil de famille; d'où il suit que ces droits lui appartiennent alors même qu'elle ne serait pas tutrice de ses enfants.

Nous savons que la mère remariée perd son droit de correction sur les enfants de son premier mariage; or, il peut arriver que la mère conserve la tutelle nonobstant son second mariage; c'est ce qui aura lieu lorsque la veuve se sera conformée aux dispositions de l'art. 395; qu'elle aura assemblé le conseil de famille et qu'elle aura été maintenue dans la tutelle. La mère remariée à laquelle le législateur refuse comme mère le droit de correction, aura-t-elle ce droit comme tutrice? L'art. 468 dispose en effet, en termes généraux, que le tuteur qui aura des sujets de mécontentement très-graves, sur la conduite du mineur, pourra porter ses plaintes à un conseil de famille et s'il y est autorisé par ce conseil, provoquer la réclusion du mineur conformément à ce qui est statué à ce sujet au titre de la Puissance paternelle.

Je n'hésiterais pas à accorder à la mère maintenue dans la tutelle le droit de correction comme tutrice et cela pour deux raisons : la première, c'est que ce droit n'est pas plus dangereux entre les mains d'un tuteur qu'entre les mains de la mère qui a été jugée digne, par le conseil de famille, d'être maintenue dans la tutelle ; la tendresse de la mère présente même au législateur plus de garanties ; la seconde, c'est qu'il semble que l'esprit général de la loi soit d'accorder le droit de correction comme sanction des droits de garde et d'éducation et que si la loi le refuse à la mère remariée, ce n'est qu'une exception qui ne doit pas être étendue.

Enfin les garanties dont ce droit est entouré relativement à la mère remariée et tutrice, résultant du concours du conseil de famille et du président du tribunal, paraissent éloigner toute possibilité d'abus pour ne laisser subsister que les avantages d'une mesure toujours rigoureuse, mais qui, en compensation, peut écarter la nécessité d'un emprisonnement plus grave qui serait prononcé par le tribunal correctionnel contre l'enfant qu'on aurait été impuissant à corriger efficacement.

Les modifications et les restrictions à la puissance paternelle qui atteignent le père ou la mère qui s'est remarié subsistent-elles après la dissolution du second mariage qui avait motivé ces modifications ?

Le père devenu veuf une seconde fois reconquiert-il le droit de faire détenir son fils par voie d'autorité ?

La mère devenue veuve de nouveau peut-elle exercer le droit de correction tel qu'il est organisé par l'art. 381 ?

Nous le croyons et nous invoquons en faveur de cette opinion la rédaction même de la loi. Le Code ne parle pas en effet du père ou de la mère qui s'est remarié, mais du père ou de la mère qui est remariée, et en effet la loi a pu craindre l'influence d'une personne étrangère souvent hostile à l'enfant, mais cette influence cesse avec la vie de la personne de qui on la redoutait et il n'y a plus de bonnes raisons de maintenir le retrait du droit de correction qu'on n'avait retiré qu'en raison d'une circonstance qui a cessé d'exister.

Au sujet du droit de correction entre les mains de la mère, on s'est demandé si la mère, de même que le père, avait le droit de grâce.

La raison de douter vient de ce que l'art. 379, qui donne au père le droit de grâce ne parle que du père.

Le père est toujours maître d'abréger la détention, dit l'art. 379.

Trois opinions se sont produites sur cette question, une qui refuse complétement à la mère le droit de grâce par la raison que ce droit ne lui est pas accordé par la loi, l'autre qui accorde à la mère le droit de grâce et enfin une troisième opinion qui reconnaît à la mère le droit de grâce, mais à la condition que la mère exerce son droit de grâce dans les mêmes formes et de la même manière qu'elle exerce son droit de correction, c'est-à-dire avec le concours de deux des plus proches parents paternels.

Nous pensons que le 2ᵉ système qui accorde à la mère le droit de grâce est préférable; l'art. 379 fournit contre le 3ᵉ système un argument d'analogie, car il accorde au père le droit de grâce sans distinguer si la détention a été obtenue par voie d'autorité ou de réquisition; le père qui se trouvait dans une situation où il ne pouvait pas faire détenir son enfant sans l'avis conforme du président, peut faire cesser cette détention par la manifestation de sa seule volonté.

Nous voyons en outre que partont où la loi a organisé au profit d'un particulier un droit de détention, comme en matière d'adultère, de dettes avant l'abolition de la contrainte par corps, de correction paternelle, la loi a toujours accordé la faculté de faire cesser la détention à celui auquel elle a donné le droit de la requérir et si on exige des garanties pour ordonner la détention qui est une exception au droit commun on n'en exige aucune pour la mise en liberté par laquelle on rentre dans le droit commun ; la manifestation de la volonté de celui qui requérait la détention suffit pour la faire cesser.

En examinant le pouvoir paternel, pendant le mariage, nous nous sommes demandé ce qu'il conviendrait de faire si le père qui exerce seul cette autorité en usait despotiquement et de manière à nuire à la santé de l'enfant, à porter atteinte à son développement intellectuel ou à contrarier les sentiments de respect et d'affection qui doivent régner dans la famille. Nous avons reconnu que dans ce cas la mère aurait le droit d'agir et de demander aux tribunaux de protéger ses enfants.

Lorsque par le prédécès soit du père soit de la mère, la puissance paternelle ne réside plus que sur la tête d'une seule personne ; les dangers du despotisme du survivant sont bien plus à craindre et nous voyons alors que la loi place à côté du survivant un surveillant du pouvoir paternel, un protecteur de l'intérêt des enfants qui remplit le rôle qu'aurait rempli la mère pendant le mariage ; la mort d'un des époux donne en effet ouverture à la tutelle, et à côté de la tutelle qui est déférée par la loi au survivant, il y a le subrogé tuteur et le conseil de famille chargés de protéger l'enfant, et c'est alors ce pouvoir tutélaire qui a incontestablement le droit et le devoir d'appeler l'attention des tribunaux sur les actes du père ou de la mère, qui pourraient être préjudiciables à l'enfant au point de vue physique, moral ou intellectuel.

Lorsque nous avons examiné le droit de puissance

paternelle entre les mains du père survivant ou de la mère survivante, nous avons supposé que le père, ou la mère survivante réunissaient sur leur tête la puissance paternelle et la tutelle. C'est en effet ce qui arrive le plus souvent.

Mais il peut arriver que le père ou la mère survivante conservent sur leurs enfants la puissance paternelle, et que la tutelle de ces mêmes enfants appartienne à une autre personne.

Cette division de la tutelle et de la puissance paternelle a lieu pour le père s'il se fait excuser ou destituer de la tutelle et pour la mère par la même cause, et encore si, lors de son second mariage, elle ne convoque pas le conseil de famille pour se faire maintenir dans la tutelle.

Cette division sur deux têtes différentes de deux pouvoirs qui ont le même objet et les mêmes attributions crée bien souvent des conflits : celui qui a le pouvoir tutélaire et celui qui a la puissance paternelle réclamant l'un vis-à-vis de l'autre et exclusivement les droits de garde, de correction et d'éducation sur la personne de l'enfant.

Il nous semble que l'autorité paternelle résidant sur la tête du père ou de la mère même remariés doit dominer le pouvoir de tutelle quant à ce qui concerne les droits sur la personne de l'enfant, mais dans cette circonstance le pouvoir du survivant se trouve soumis au contrôle de celui qui a le pouvoir de tutelle, et qui puise dans ce pouvoir le droit de déférer les actes du survivant aux tribunaux, et les derniers suivant les circonstances confient au tuteur les droits de garde, de correction et d'éducation lorsqu'ils ne jugent pas le père ou la mère survivant digne de les conserver.

PUISSANCE PATERNELLE EN CAS DE SÉPARATION DE CORPS

Après avoir examiné les modifications de la puissance paternelle résultant de la dissolution du mariage par le décès soit du mari soit de la femme, il convient de parler de certains autres événements qui exercent une influence considérable sur la puissance paternelle et en premier lieu de la séparation de corps.

La séparation de corps diffère du divorce qui a été aboli en ce que le divorce détruisait le lien conjugal et rendait à chacun des époux leur liberté respective tandis que la séparation de corps relâche seulement le lien et laisse subsister presque tous les droits, presque toutes les obligations.

Quelle sera l'influence de la séparation de corps sur la puissance paternelle?

La loi, en organisant le divorce, s'était occupée de la situation des enfants et elle avait disposé dans l'art. 302.

Les enfants seront confiés à l'époux qui aura obtenu le divorce à moins que le tribunal sur la demande de la famille ou du ministère public n'ordonne, pour le plus grand avantage des enfants, que tous ou quelques-uns d'entre eux, seront confiés aux soins soit de l'autre époux soit d'une tierce personne.

Et l'art. 303 ajoute : quelle que soit la personne à laquelle les enfants seront confiés, les père et mère conserveront respectivement le droit de surveiller l'entretien et l'éducation de leurs enfants et seront tenus d'y contribuer à raison de leurs facultés.

Le divorce a été ensuite aboli par la loi du 8 mai 1816, qui n'a laissé subsister que la séparation de corps.

Les articles qui traitent de la séparation de corps ne règlent pas le sort des enfants issus du mariage et on se demande si la séparation de corps ne modifie en aucune manière la puissance paternelle, ou s'il faut appliquer par analogie les dispositions de la loi sur le divorce, ou enfin si la séparation de corps doit être régie par des règles spéciales.

Lorsqu'il y avait divorce, la famille était détruite, il était nécessaire de confier les enfants soit à l'un, soit à l'autre des deux époux et dans l'incertitude de savoir à qui on les confierait, puisque le mariage étant dissous, tous deux y avaient également droit, on les confiait à l'époux qui avait obtenu le divorce, la règle ne recevait exception que lorsque l'intérêt de l'enfant exigeait qu'il fût confié soit à l'autre époux, soit à une tierce personne, l'appréciation de l'intérêt de l'enfant était laissée à la sollicitude de la famille ou du ministère public.

Au contraire, lorsqu'il y a séparation de corps le sien conjugal n'est pas dissous, le mari conserve tous les droits, droit d'autorisation maritale, droit de dénoncer l'adultère de sa femme, il semble qu'il devrait conserver la puissance paternelle aux termes de l'art. 373, qui investit le père de cette autorité durant le mariage. Aussi certaines personnes soutiennent que le père conserve en principe tous ses droits sur ses enfants et que ce n'est qu'exceptionnellement et en usant de ce droit avec circonspection que les tribunaux ont le pouvoir discrétionnaire de retirer au père la garde des enfants pour confier cette garde à la mère ou même à une tierce personne en prenant pour guide l'intérêt de l'enfant.

Cette opinion s'appuie sur le texte des art. 373 et 374, sur la différence entre la dissolution du mariage par le divorce et le simple relâchement du lien par la séparation de corps.

D'autres personnes soutiennent au contraire que l'on doit aller chercher les art. 302 et 303, dans le titre du divorce et les appliquer à la séparation de corps et accorder en principe la garde des enfants communs, à l'époux qui a obtenu la séparation de corps.

Une autre opinion distingue : si le mari a obtenu la séparation, on appliquera l'art. 302, mais alors le mari réunissant à la fois le droit qu'il tient de l'art. 302 et de l'art. 373, le magistrat n'aura plus le pouvoir d'appréciation, contenu dans la fin de l'art. 302; si au contraire la femme a obtenu la séparation, on appliquera encore l'art. 302, les magistrats lui accorderont la garde de ses enfants, mais la disposition de l'art. 302, étant combattue alors par l'art. 373, les tribunaux seront fondés bien davantage à user de leur pouvoir discrétionnaire.

Dès que le tribunal aura confié au père la garde et l'éducation de ses enfants, le père continuera d'agir dans la plénitude de son droit et il aura certainement le droit de correction.

Mais si la garde et l'éducation ont été confiées à la mère, la mère a-t-elle en même temps le droit de correction quoique le mariage ne soit pas dissous et si elle a ce droit, comment l'exerce-t-elle?

Nous croyons qu'elle a ce droit de correction, parce que ce droit est une sanction du droit de garde et d'éducation qui lui est confié, mais nous ne croyons pas qu'elle puisse exercer ce droit par voie d'autorité ou par voie de réquisition comme le pourrait faire son mari; elle doit se conformer aux prescriptions de la loi et réclamer le concours de deux proches parents paternels comme si elle était veuve non remariée.

PUISSANCE PATERNELLE ENTRE LES MAINS DE LA
MÈRE PAR SUITE D'IMPOSSIBILITÉ PHYSIQUE OU LÉ-
GALE DU PÈRE D'EXERCER LA PUISSANCE PATERNELLE

Lorsque le mari est dans l'impossibilité légale
d'exercer la puissance paternelle, cette puissance
passe entre les mains de la femme; la loi a prévu le
cas d'absence du mari et l'art. 141 dispose que si le
père a disparu laissant des enfants mineurs issus
d'un commun mariage, la mère en aura la surveil-
lance et exercera tous les droits du mari quant à leur
éducation et à l'administration de leurs biens.

Elle aura ainsi tous les droits de garde et d'éduca-
tion, mais dans ce cas comme dans le cas précédent,
nous croyons que le droit de correction entre les
mains de la mère, qui agit alors comme délégataire
des droits du mari, doit toujours être soumis aux
dispositions restrictives de l'art. 381.

Ces dispositions sont faites en vue de la personne
même de la mère dont on a craint la faiblesse et
elles doivent s'appliquer quelle que soit la raison, le
motif, qui place le droit de correction entre les
mains de la mère.

Parmi les causes qui font passer la puissance pa-
ternelle entre les mains de la mère, il faut encore
compter l'interdiction qui peut être prononcée con-
tre le père pour cause d'imbécillité, de démence ou de
fureur, le législateur ne dit pas, il est vrai, que, dans

ce cas, le père perdra son droit de puissance paternelle, mais le bon sens suffit pour faire décider que celui qui est dans l'impossibilité de se conduire lui-même ne peut pas avoir sur ses enfants les droits de garde, de correction et d'éducation.

Ces droits passent à la mère si elle existe encore ou sinon entre les mains d'un tuteur qui s'occupe de l'enfant.

Mais il ne faut pas étendre cette solution au cas où le père est pourvu d'un conseil judiciaire, la prodigalité qui a motivé la dation de ce conseil, n'empêchant pas que le père ne soit très-apte à élever ses enfants.

PUISSANCE PATERNELLE SUR LES ENFANTS NATURELS

Nous avons terminé ce qui concerne le droit de garde, de correction et d'éducation entre les mains des père et mère légitimes. Nous avons vu ce qu'étaient ces droits pendant le mariage, et les modifications qu'ils recevaient par la dissolution du mariage ou par d'autres événements tels que la séparation de corps, l'absence et l'interdiction qui, sans dissoudre le mariage, y apportent une grande perturbation.

Il nous reste à parler des droits accordés aux père et mère naturels sur les enfants qu'ils ont reconnus.

Le Code est bien laconique sur les droits qu'il accorde aux père et mère naturels.

Art. 383 : les art. 376, 377, 378 et 379 seront communs aux père et mère des enfants naturels reconnus.

Les articles énumérés par l'art. 383 et auxquels il renvoie, sont les articles qui organisent le droit de correction entre les mains du père légitime et qui disposent que le père peut user de la voie d'autorité ou de la voie de réquisition, suivant les distinctions d'âge énoncées en ces articles qui règlent l'absence de formalités et d'écritures, qui puissent perpétuer le souvenir de la faute, obligent le père à payer les frais et à fournir les aliments et enfin accordent le droit de grâce.

Plusieurs questions s'élèvent :

1° Celle de savoir si au contraire de la mère légitime, la mère naturelle a les mêmes droits de correction que le père et avec la même étendue, spécialement si elle peut user de voie d'autorité?

2° S'il y a lieu d'appliquer aux père et mère naturels l'art. 382.

3° Si les art. 371, 372, 373, 374, sont applicables aux père et mère naturels; en un mot on se demande s'il faut prendre l'art. 383 à la lettre, ou s'il faut, dépassant les termes de cet article, assimiler la situation des enfants naturels à la situation des enfants légitimes, et accorder aux père et mère naturels absolument les mêmes droits qu'aux père et mère légitimes?

Plusieurs opinions se sont produites à cet égard.

Plaçons-nous dans l'hypothèse où l'enfant naturel a été reconnu à la fois par son père et par sa mère.

Dans cette hypothèse, les uns soutiennent que les père et mère naturels ont les mêmes droits que les père et mère légitimes, à l'exception toutefois du droit de jouissance légale.

Leurs arguments consistent à invoquer l'analogie des deux situations ; ils s'appuient en outre sur les travaux préparatoires desquels il résulterait que l'intention du législateur, manifestée dans le projet, était d'accorder aux père et mère naturels les mêmes droits qu'aux parents légitimes, ils soutiennent que la disposition du projet n'a été remaniée dans la généralité de ses termes que dans le seul but de retirer aux père et mère naturels, l'usufruit légal. C'est, disent-ils, une rédaction maladroite de l'article ; mais l'esprit doit prévaloir sur le texte, et il faut voir dans la loi non pas ce qu'elle dit, mais ce qu'elle a voulu dire, et elle voulait dire certainement que toutes les dispositions du Code relatives à la puissance paternelle étaient applicables aux père et mère naturels, à l'exception toutefois de la disposition concernant l'usufruit légal.

D'autres distinguent parmi les diverses dispositions relatives à la puissance paternelle : ils choisissent par des arguments d'analogie les dispositions qui leur semblent devoir s'appliquer aux père et mère naturels ; ils acceptent les unes et rejettent les autres.

La question nous semble assez difficile à résoudre.

Si l'on s'en tient au texte rigoureux de l'art. 383, on arrive à des résultats excessivement choquants, et on établit entre la famille naturelle et la famille légitime des différences qui ne sont pas justifiées, d'autre part, c'est toujours une chose grave que de suppléer au silence du législateur, le texte de l'art. 383 est très-précis, les art. 376, 377, 378 et 379, dit-il, seront communs. C'est donc dire que les autres articles ne seront pas applicables, car il eût été bien simple de compléter l'énumération des articles qui devaient être communs aux père et mère naturels. La loi peut être imparfaite, mal rédigée, mais c'est au législateur seul qu'il appartient de la corriger.

Néanmoins nous inclinons à penser qu'il faut étendre l'énumération faite par l'art. 383 et qu'il convient d'appliquer aux père et mère naturels toutes les dispositions édictées par le législateur pour les père et mère légitimes.

Nous serions disposés à voir dans les droits accordés ainsi aux père et mère naturels non pas la puissance paternelle véritable qui n'est accordée que là où il y a une famille légitime, là où les père et mère ont pris en se mariant, aux termes de l'art. 203, l'obligation de nourrir et élever leurs enfants.

Les articles 372 et 373, qui constituent la puissance paternelle ne sont pas déclarés applicables aux père et mère naturels.

Le législateur a trouvé une situation de fait des rapports établis entre les enfants et les parents par la reconnaissance volontaire, et des principes, d'ordre supérieur exigeaient que cette situation de fait fût réglée conformément à l'intérêt de la société. Il importait que ces enfants fussent élevés et, à défaut des père et mère légitimes qui ne se trouvaient pas, le législateur vit avec quelque faveur les parents qui réparaient en partie leurs torts en reconnaissant leurs enfants et en les élevant.

Afin de faciliter cette tâche les père et mère naturels ont les droits des père et mère légitimes, droits de garde, de correction et d'éducation, mais il existe suivant nous une différence capitale entre les deux situations : les père et mère légitimes ont un droit propre de puissance paternelle qui découle du fait même de leur mariage, ce droit ne peut leur être enlevé que pour des motifs très-graves et spécialement déterminé, il participe de l'irrévocabilité des engagements conjugaux dont il est une conséquence.

Tout autre au contraire est le caractère des droits accordés aux père et mère naturels sur leur enfant ; ils n'ont pas leur origine dans le lien indissoluble du mariage ; ils sont accordés par le législateur, surtout dans l'intérêt des enfants et de la société et ces droits qui ont été accordés aux père et mère naturels au nom et dans l'intérêt des enfants peuvent être retirés ou modifiés par l'autorité judiciaire dans l'intérêt de ces mêmes enfants. Lorsqu'on se trouve en présence des père et mère légitimes, ce n'est qu'à regret, et s'il y a nécessité absolue, que nous admettons entre les parents et les enfants, l'intervention de la société représentée par les tribunaux. Lorsqu'il s'agit

au contraire des droits accordés aux père et mère
naturels sur leurs enfants, l'intervention de la justice
est parfaitement justifiée, elle est nécessaire, et elle
peut être provoquée soit par le père, soit par la mère
naturelle, il n'y a plus ici la même difficulté qui se
présentait pour admettre la femme mariée à provo-
quer l'intervention des tribunaux; la mère naturelle
n'est pas frappée comme la femme mariée de l'inca-
pacité d'ester en justice; le père et la mère sont tous
deux égaux, ils ont des droits égaux et si dans ce
pseudo-mariage le père exerce les droits qui appar-
tiennent à tous deux, la mère, à la différence de ce
qui a lieu dans l'état de mariage, aura toujours et
sans difficulté le droit de déférer aux tribunaux les
actes du père et la manière dont il se conduit vis-à-
vis de l'enfant commun.

Ce système nous paraît conforme à celui de la ju-
risprudence qui accorde les droits de garde, d'éduca-
tion et de correction tantôt au père, tantôt à la mère
et qui même les retire à tous les deux pour les con-
fier à une tierce personne.

Nous avons dit que le père et la mère naturels ont
des droits égaux, nous entendons dire par là que les
droits de la mère sont indépendants de ceux du père,
mais nous ne voulons pas dire ce qui a été soutenu
par quelques auteurs que la mère naturelle ait les mê-
mes droits que le père légitime et qu'elle puisse par
conséquent user de la voie d'autorité lorsqu'il s'agit
de la correction de ses enfants.

Selon nous, la mère naturelle a les mêmes droits

que ceux qui appartiendraient à la mère légitime veuve et non remariée; en effet, si le législateur a restreint la puissance paternelle en ce qui concerne le droit de correction entre les mains de la veuve, c'est parce que, à tort ou a raison, il a considéré qu'il ne devait pas donner à la femme des pouvoirs aussi étendus que ceux qu'il donnait à l'homme, et cette raison subsiste aussi bien vis-à-vis de la mère naturelle que de la mère légitime.

Si le père naturel ou la mère naturelle venaient à se marier, leurs droits sur leurs enfants subiraient les restrictions qui sont apportées à la puissance paternelle des père et mère légitimes en cas de second mariage.

DROIT AU RESPECT

Nous parlerons ici de la disposition que le législateur a mise en tête du chapitre qui traite de la puissance paternelle.

Aux termes de l'art. 371, l'enfant à tout âge doit honneur et respect à ses père et mère.

Les auteurs sont d'accord pour enseigner que cette disposition qui n'est que la reproduction du principe du Deutéronome : *Honora patrem tuum et matrem*, est applicable aussi bien à la famille naturelle qu'à la famille légitime et nous sommes très-volontiers de cet avis; on ne saurait en effet trop honorer et trop respecter ceux qui nous ont élevés et nourris avec la sollicitude et le dévouement que savent mettre un père ou une mère.

Mais cet art. 371 a donné lieu à deux opinions différentes : les uns ont pensé que cet article du Code devait avoir une sanction et qu'il en résultait que l'enfant ne pouvait exercer contre ses parents ceux des droits civils qui seraient incompatibles avec les devoirs de respect que les enfants doivent à leurs parents et qu'un enfant ne pourrait notamment être recevable à exercer contre ses parents une action déshonorante, c'est-à-dire une action dont l'issue aurait pour résultat de ternir leur réputation et d'amoindrir leur considération.

Les partisans de l'opinion adverse trouvent que c'est aller trop loin, que de telles actions sont possibles entre les parents et les enfants, et que la preuve en est fournie par l'art. 380 du Code pénal, qui, après avoir écarté l'action pénale pour un vol commis par des parents au préjudice de leurs enfants, laisse cependant subsister l'action civile en réparation du préjudice causé par le vol; ils pensent que l'art. 371 n'est qu'un principe dont les dispositions suivantes sont le développement ; cette opinion est conforme à ce que disait M. Vesin dans son rapport au Tribunat : « Quoique cet article, dit-il, ne con-
» tienne pas, à proprement parler, de dispositions
» législatives et que sous ce rapport, dans la discus-
» sion au conseil d'État, il ait été proposé de le rejeter,
» on a observé avec raison qu'il contenait le principe

» dont les autres ne font que développer les consé-
» quences et qu'il doit aussi devenir un point d'ap-
» pui pour les juges. »

Nous nous rangeons à cette opinion et nous pen-
sons en outre que cet article 371 indique d'une ma-
nière précise, au début même du chapitre qui traite
de la puissance paternelle, le nouvel ordre d'idées
inauguré par le Code civil.

Anciennement en effet, il était vrai de dire que
l'enfant devait à tout âge obéissance et soumission
à ses père et mère, aujourd'hui l'enfant est affranchi,
il ne doit plus à ses père et mère à tout âge que
l'honneur et le respect, dette bien légère à acquitter
et que cependant il ne paye pas toujours. On peut
contraindre à l'obéissance, mais les devoirs d'hon-
neur et de respect ne peuvent s'imposer.

Nous avons vu les différentes dispositions qui
permettent aux père et mère d'élever leurs enfants
et de les conduire jusqu'à l'âge où ils seront capa-
bles de devenir citoyens de l'État et de rendre à
d'autres les soins éclairés et dévoués dont ils ont été
comblés.

Il nous reste à énumérer rapidement une série de
dispositions qui donnent aux père et mère divers
droits sur la personne de leurs enfants.

Le caractère de ces droits que nous allons exami-
ner est de s'adresser plutôt au jeune homme qu'à
l'enfant, ils appartiennent presque tous, non pas
seulement à la mère ou au père, mais encore aux
ascendants, ce sont des droits de protection et

comme une extension de la sollicitude paternelle.

Ces droits sont :

Le droit de consentir au mariage ;

Le droit de consentir à l'adoption ;

Le droit de consentir à l'entrée de l'enfant dans certaines carrières, telles que la profession religieuse ou monastique.

DROIT DE CONSENTIR AU MARIAGE

Les enfants légitimes ont besoin pour contracter mariage du consentement de leur père et mère.

Le droit qui appartient aux père et mère de peser sur les résolutions de leurs enfants, au moment où ils vont accomplir l'un des actes les plus importants de la vie est fondé sur l'intérêt de l'enfant qui a besoin d'être protégé à un âge où souvent on se laisse entraîner, et aussi sur l'intérêt de la famille, le mariage en effet modifie la famille en y faisant entrer des personnes qui auparavant y étaient étrangères et les père et mère ne sauraient y être indifférents.

Le droit des pères et mères se modifie suivant l'âge de l'enfant : jusqu'à vingt-cinq ans pour les fils, jusqu'à vingt et un ans pour les filles, le consentement des père et mère est d'une absolue nécessité et la sanction de l'inobservation de la loi est rigoureuse : le mariage est nul.

L'art. 148 qui exige le consentement des père et

mère prévoit le cas où il y aurait dissentiment entre le père et la mère, dans ce cas le consentement du père suffit.

Après les âges que nous venons d'énumérer et jusqu'à l'âge de trente ans pour les fils et de vingt-cinq ans pour les filles, le législateur ne donne plus aux père et mère un droit de *veto* absolu au mariage de leurs enfants, mais il exige que les enfants demandent le conseil de leurs père et mère, par trois actes respectueux, faits de mois en mois, et qu'il ne soit passé outre à la célébration du mariage qu'après le troisième.

Enfin, une fois que les filles ont dépassé l'âge de vingt-cinq ans, et les fils celui de trente, le législateur n'a pas retiré aux parents toute influence, les enfants doivent toujours comme précédemment demander le conseil de leurs parents, par un acte respectueux, mais alors un seul acte suffit, et il est permis de procéder au mariage un mois après.

Les dispositions qui viennent d'être énumérées et par lesquelles l'enfant ne peut se marier sans le consentement de ses parents, ou en cas de refus sans avoir demandé leur conseil par des actes respectueux, sont déclarées applicables aux enfants naturels par l'art. 158.

DROIT DE CONSENTIR A L'ADOPTION

La loi a donné également aux père et mère le droit de s'opposer à ce que leur enfant se donnât en adoption. Les dispositions de la loi en ce qui concerne le consentement des père et mère à l'adoption, sont faites dans le même esprit que les dispositions qui concernent le mariage. Depuis l'âge de vingt-un ans jusqu'à celui de vingt-cinq ans les enfants doivent demander le conseil de leurs père et mère.

Il y a lieu cependant de remarquer quelques différences : l'art. 346 ne fait pas de distinctions d'âge entre les filles et les garçons, comme nous avons vu qu'on le faisait pour le mariage et de plus l'art. 346 exige le consentement, tout à la fois du père et de la mère; le dissentiment entre le père et la mère est un obstacle à l'adoption, contrairement à ce qui a lieu pour le mariage pour lequel, en cas de dissentiment entre le père et la mère, le consentement du père suffit.

Si un enfant naturel âgé de 21 ans voulait se donner en adoption, aurait-il besoin de demander le consentement de ses père et mère naturels jusqu'à 25 ans, et de requérir leur conseil après cet âge?

Lorsqu'il s'agit du mariage de l'enfant naturel, aucun doute ne saurait exister, l'art. 158 a pris soin de dire que les dispositions concernant le consentement au mariage, et les actes respectueux étaient applicables aux enfants naturels, mais en ce qui concerne l'adoption, le législateur n'a pas assimilé les enfants naturels aux enfants adoptifs. Nous croyons par conséquent que, nonobstant la grande analogie qui invite à transporter dans la matière de l'adoption les dispositions prescrites pour le mariage, il faut décider que l'enfant naturel n'a besoin d'aucun consentement pour se donner en adoption.

Enfin, aux termes du décret du 28 février 1810, les enfants ne peuvent entrer dans les ordres sacrés qu'après avoir justifié du consentement de leurs parents ainsi que cela est prescrit par les lois civiles pour le mariage et un autre décret du 18 février 1809 décide qu'une fille mineure de 21 ans ne peut être admise à contracter des vœux dans une congrégation religieuse, si elle ne présente les consentements demandés pour contracter mariage par les art. 148, 149, 150 du Code civil.

Mais, dans l'un et l'autre cas, à l'âge de 25 ans et à l'âge de 21 ans, l'enfant conquiert la liberté absolue d'agir sans le consentement de ses parents, il n'est pas obligé de demander leur conseil comme nous avons vu que cela était prescrit pour le mariage et pour l'adoption.

C'est une différence qui ne nous semble pas suffisamment justifiée, car l'entrée dans les ordres sacrés ou la prononciation de vœux dans une congrégation religieuse sont certainement un acte aussi grave et aussi important que le mariage ou l'adoption.

Indépendamment du droit de consentir au mariage, les père et mère peuvent s'opposer au mariage de leurs enfants. Ce droit d'opposition ne se confond pas avec le droit de consentir au mariage tant que les enfants sont mineurs ; quant au mariage le droit d'opposition est inutile puisque l'absence de consentement est un obstacle absolu à la célébration du mariage, mais lorsque l'enfant est majeur relativement au mariage et qu'il veut passer outre à la célébration après la notification des actes respectueux, les père et mère en formant opposition au mariage peuvent encore en empêcher ou tout au moins en retarder la célébration, l'officier de l'état civil saisi de cette opposition ne peut en effet passer outre à la célébration du mariage que si mainlevée de cette opposition lui est rapportée, soit par les opposants eux-mêmes, soit par une décision judiciaire.

Les père et mère ne sont pas obligés de donner de motifs de l'opposition formée par eux au mariage de leur enfant et si, par suite de ce défaut de motifs, le tribunal donne mainlevée de l'opposition, les père et mère ne peuvent jamais être condamnés à des dommages-intérêts; le législateur n'admet pas que l'opposition formée par des parents puisse être dictée par des motifs autres que ceux tirés de l'intérêt de l'enfant.

Comme ce droit d'opposition est une prérogative de la puissance paternelle, le père l'exerce à l'exclusion de la mère lorsque le père et la mère sont vivants, et ce droit ne passe à la mère que lorsque le père est mort ou dans l'impossibilité de manifester sa volonté.

La carrière commerciale a attiré l'attention du législateur et il lui a paru qu'il convenait de protéger le mineur contre les dangers que cette profession peut lui faire courir et en conséquence, il a décidé que le mineur, bien qu'il ait été émancipé, ne pouvait commencer les opérations du commerce ni être réputé majeur quant aux engagements par lui contractés pour faits de commerce s'il n'a été préalablement autorisé par son père ou par sa mère en cas de décès, d'interdiction ou d'absence du père.

Parmi les droits qui sont accordés aux père et mère dans l'intérêt de la protection du mineur, il faut encore ranger le droit de désigner le tuteur. Ce droit est une conséquence de la puissance paternelle, et pour ainsi dire son extension pour le temps où le père ou la mère ne pourra plus lui-même veiller sur son enfant et le diriger.

Ce droit est accordé par la loi sans distinction : tantôt au père, tantôt à la mère, c'est le dernier mourant qui peut exercer seul le droit de désignation du tuteur. On n'a pas voulu que le premier mourant, soit le père, soit la mère, pût retirer à son conjoint la tutelle de l'enfant commun. Cette privation de la tutelle eût été trop pénible pour celui qui l'aurait subie et en outre, elle eût été la marque d'une défiance qui n'aurait pas toujours été justifiée, surtout à l'égard du père qui, par son éducation, est présumé capable de diriger l'éducation et d'administrer la fortune du mineur.

Mais la même présomption de capacité n'existe pas vis-à-vis de la mère, et le législateur a donné au mari qui meurt avant sa femme le moyen de donner à cette dernière un guide et un soutien dans la tâche qui va lui incomber de pourvoir à l'éducation de ses enfants et à l'administration des biens. La mère sera tutrice, le père ne peut lui enlever ce titre et les droits qu'il confère, mais en même temps le père peut, avant de mourir, lui adjoindre un conseil sans l'assistance duquel la veuve ne pourra faire aucun des actes relatifs à la tutelle, mais la dation de ce conseil laisse intact et entier le droit de puissance paternelle que nous avons reconnu appartenir à la veuve, et que nous avons reconnu être indépendant de la tutelle.

La nomination par le père prémourant du conseil qui assistera la mère survivante, et la désignation du tuteur par le dernier mourant des père et mère se fait soit par déclaration devant le juge de paix assisté de son greffier ou par devant notaire ou bien par acte de dernière volonté.

Mais en matière de désignation de tuteur par le dernier mourant, la loi a fait la distinction qu'elle avait déjà faite dans d'autres circonstances entre le père remarié et la mère remariée. Le père même remarié conserve le droit de désigner un tuteur aux enfants de son premier lit. Quant à la mère remariée, l'art. 399 établit une distinction.

Si la mère remariée n'est pas maintenue dans la tutelle, elle n'a pas le droit de désigner le tuteur de ses enfants ; si elle vient à mourir avant leur majorité, si au contraire, elle est maintenue dans la tutelle nonobstant son second mariage, le choix qu'elle fera du tuteur ne sera valable que s'il est confirmé par le conseil de famille.

RESPONSABILITÉ CIVILE

Il nous reste à parler de la responsabilité civile
qui pèse sur les père et mère à raison des actes de
leurs enfants mineurs. Si les père et mère en effet
ont le droit de garde, de correction et d'éducation
comme accessoires du droit incontestable qu'ils ont
d'élever leurs enfants, ils ont aussi vis-à-vis de la
société le devoir de les élever, ainsi d'ailleurs qu'ils en
ont pris formellement l'engagement en se mariant,
art. 203 du Code civil la responsabilité civile est la
sanction de cette obligation, en ce sens, que l'art. 1384
dispose que le père et la mère, après le décès du mari,
sont responsables du dommage causé par leur enfant
mineur habitant avec eux.

Cette responsabilité civile des père et mère se trouve
reproduite par les articles 74 du Code pénal, 206 du
Code forestier et 74 de la loi sur la pêche fluviale.

Il faut, pour que cette responsabilité existe : 1° que
l'enfant habite avec le père ou la mère, 2° que ceux-
ci n'aient pas été dans l'impossibilité d'empêcher le
dommage causé par l'enfant.

Cette dernière condition laisse une grande latitude
aux tribunaux et il y a des arrêts qui ont déclaré le
père responsable des délits et quasi-délits commis
par son fils lorsque la faute de son enfant était la
conséquence des mauvais principes qu'il lui aurait
donnés. « Que J. père est donc responsable parce

» que dans sa maison la discipline domestique était
» relâchée et même qu'il n'y avait ni discipline ni
» direction morale. » (C. d'Aix, 11 juin 1859.)

Quelques personnes trouveront sans doute que la
théorie de cet arrêt va un peu loin, mais si les parents
étaient plus souvent déclarés responsables des fautes
de leurs enfants, il est probable qu'ils s'occuperaient
davantage de leur éducation et la société ne pour-
rait qu'y gagner.

CAUSES D'EXTINCTION DE LA PUISSANCE PATERNELLE

La puissance paternelle telle qu'elle est organisée
par le Code civil, ne dure pas indéfiniment comme
en droit romain.

Elle prend fin :

1° Lorsque l'enfant est parvenu à la majorité de
21 ans;

2° Lorsqu'il est émancipé.

Et elle subit un amoindrissement lorsque le père
ou la mère ont été privés par décision judiciaire de
partie de leurs droits de puissance paternelle.

Nous allons examiner ces différents points.

Il n'y a aucune difficulté en ce qui concerne la
majorité qui a lieu à l'âge de 21 ans.

La puissance paternelle cesse aussi par l'émanci-
pation, l'enfant peut être émancipé par le mariage
qu'il contracte et qui, aux termes de l'art. 476, l'é-
mancipe de plein droit.

Il peut encore être émancipé par la volonté de celui qui a la puissance paternelle, c'est-à-dire le père et, à défaut du père, la mère.

Pour émanciper leur enfant, le père ou la mère doivent attendre qu'il ait atteint l'âge de 15 ans et l'émancipation s'opère par la déclaration faite par le père ou la mère devant le juge de paix assisté de son greffier.

Cette émancipation a pour effet de détruire complétement la puissance paternelle, à ce point que si, pour une des causes prévues par le législateur, l'émancipation accordée au mineur est révoquée, le mineur ne retombe pas sous la puissance paternelle, mais il entre en tutelle, aux termes de l'art. 486 et y reste jusqu'à sa majorité.

Le droit d'émancipation accordé aux père et mère est également applicable aux père et mère naturels. Cette proposition avait été mise en doute, mais un arrêt de la Cour de Limoges du 2 janvier 1821 a décidé que cette émancipation leur était applicable.

Enfin la puissance paternelle peut être amoindrie entre les mains des père et mère par l'effet de condamnations judiciaires. Aux termes de l'art. 335 du Code pénal, le père ou la mère coupable d'attentat aux mœurs de leur enfant, doit être privé des droits et avantages à lui accordés sur la personne et les biens de l'enfant par le titre 9 du livre I.

Ce texte est le seul qui permette de porter atteinte à la puissance paternelle et il est à remarquer que si on le prend à la lettre, le père ou la mère coupable

n'est privé que des droits énumérés dans le titre 9,
c'est-à-dire des droits de garde, d'éducation ou de
correction et du droit d'usufruit légal; il reste au
père et à la mère frappés par l'art. 335 du Code pénal
les droits qui sont plutôt des droits de protection
que d'autorité, c'est-à-dire les droits de consentir au
mariage, à l'adoption et à l'entrée dans certaines
carrières, le droit de nommer un tuteur par testa-
ment, d'accepter une libéralité pour l'enfant mineur
et le droit de l'émanciper.

Cette distinction ne semble pas très-logique, le
père ou la mère qui sont reconnus indignes d'élever
leurs enfants ne devraient pas conserver sur eux un
pouvoir aussi considérable que celui qui résulte des
droits que nous venons d'énumérer et cependant
rien ne peut autoriser les tribunaux à étendre les
termes de la loi à l'hypothèse qu'elle n'a pas prévue
et à retirer aux père et mère coupables les droits qui
ne leur ont pas été enlevés expressément par la loi
et cela avec d'autant plus de raison que nous
sommes en matière pénale et que là moins que par
tout ailleurs, il n'est pas permis d'interpréter la loi.

La même raison nous fait décider que le père ou
la mère ne perd ses droits que, vis-à-vis de l'enfant
à l'égard duquel il s'est rendu coupable des faits
énoncés dans l'art. 335, et s'il y a d'autres enfants
leurs droits restent les mêmes vis-à-vis d'eux quoi-
que leur conduite à l'égard d'un de leurs enfants
offre bien peu de garanties de leur conduite à l'égard
des autres; le texte est formel, en effet, « sera privé

» des droits et avantages à lui accordés sur la per-
» sonne et sur les biens de l'enfant. »

Nous avons dit que l'art. 335 du Code pénal était
le seul texte de loi qui permît aux tribunaux d'in-
tervenir dans le gouvernement de la famille et de
modifier ou de restreindre les droits du père ou de
la mère. Cependant nous avons vu qu'il pouvait ar-
river que, dans l'exercice de sa puissance paternelle
le père ou la mère commît des abus graves, non pas
de ces abus qui tombent sous le coup des lois pénales
et pour la répression desquels les père et mère sont
justiciables du Code pénal, mais de ces abus qui sans
motiver l'action pénale sont cependant de nature à
compromettre l'état physique ou moral de l'enfant.

Pour ces derniers abus nous avons admis, malgré
le silence des textes et parce que l'intérêt de l'enfant
le réclamait impérieusement, que les tribunaux peu-
vent intervenir. Mais ils n'auront pas le droit de
priver le père ou la mère de la puissance paternelle,
ils devront se borner à restreindre et interdire ceux
des droits qui nuisent à l'enfant, et toujours d'une
manière temporaire, leur décision n'étant pas une
peine et n'étant justifiée que par l'intérêt de l'en-
fant, les effets de cette décision doivent cesser dès
qu'il n'y a plus péril pour la santé de l'enfant.

Après avoir parcouru cette étude, si nous voulons
apprécier le caractère général des dispositions du
Code civil concernant la puissance paternelle, ainsi
que des tendances de la jurisprudence et de la légis-
lation, nous verrons que le caractère dominant est la

crainte de l'autorité paternelle et des abus de cette
autorité, d'une part, et d'autre part, comme consé-
quence de cette crainte, des mesures destinées à pro-
téger l'enfant. C'est ainsi que l'enfant est assuré d'une
réserve dans la succession de ses père et mère aux-
quels on retire pour partie l'exercice de la liberté na-
turelle et légitime de disposer; c'est ainsi que l'on
admet de plus en plus facilement l'intervention de la
société, représentée par les tribunaux entre le père
et l'enfant; on protége l'enfant contre le père qui
voudrait l'envoyer trop tôt dans les manufactures,
et il arrivera certainement un jour où on obligera le
père à donner à l'enfant les premières notions de
l'instruction.

C'est une idée généreuse que de se porter ainsi au
secours de l'enfance faible et opprimée, mais on ar-
rive ainsi à énerver le pouvoir du père de famille, à
diminuer ses droits et par conséquent sa responsa-
bilité, à substituer en un mot l'action du pouvoir
social à l'action du père.

Cette augmentation du pouvoir social au détri-
ment du pouvoir paternel, d'une autorité abstraite
au préjudice d'une autorité présente, cette substitu-
tion d'une sévérité froide et sèche à une sévérité
tempérée par l'amour paternel exerce, nous le
croyons, une fâcheuse influence.

Nous pensons qu'il en résulte une diminution no-
table dans les sentiments de respect pour l'autorité
légitime et de soumission à la règle.

Nous préférerions voir augmenter le pouvoir du

père de famille qui est, comme le disait Bodin que nous avons cité au commencement de ce travail, « le » seul à qui nature donne aucun pouvoir, qui est la » vraie image du grand Dieu souverain universel de » toutes choses. »

Et en même temps, comme conséquence des pouvoirs très-étendus et très-absolus donnés à l'autorité légitime du père de famille, on augmenterait sa responsabilité le rendant personnellement garant de la mauvaise conduite de ses enfants.

Les parents en se mariant ont contracté vis-à-vis de la société entre les mains de l'officier public solennellement l'obligation de nourrir, élever et entretenir leurs enfants, que la société leur donne toute puissance et toute liberté pour le faire. Mais s'ils ne le font pas ou s'ils ne le font pas convenablement, que la société réclame impérieusement des père et mère l'exécution de l'obligation par eux contractée, cela vaudrait mieux, croyons-nous, que de prendre la place des père et mère.

POSITIONS

DROIT ROMAIN

I. — Les futurs époux ont besoin pour contracter mariage, du consentement des personnes sous la puissance desquelles ils se trouvent. Mais pour dissoudre ce mariage, ils n'ont pas besoin du consentement de ces mêmes personnes.

II. — Nonobstant la mancipation, le fils conserve son ingénuité.

III. — Le fils mancipé *noxali causa*, puis affranchi, retombe sous la puissance paternelle.

IV. — L'enfant admis dans la famille au moment de sa naissance, et qui avait été ensuite exposé par son père, n'était pas affranchi de la puissance paternelle.

V. — Les lois de Romulus prohibant l'exposition des enfants étaient exceptionnelles et temporaires et s'appliquaient aux enfants qui, n'ayant pas été admis par le père dans la famille au moment de leur naissance, n'étaient pas sous la puissance paternelle.

VI. — Le père était le juge naturel et toujours compétent pour toutes les personnes composant la famille.

DROIT FRANÇAIS

I. — La mère a qualité pour déférer à la justice les actes abusifs du père sur ses enfants, lorsque ces actes ne constituent pas un délit.

II. — Le père et la mère naturels qui ont reconnu leur enfant, n'ont pas sur cet enfant la puissance paternelle proprement dite.

III. — Le droit de la veuve d'exercer sur ses enfants les droits qui dérivent de la puissance paternelle est un droit propre, indépendant des fortunes diverses qui peuvent atteindre la tutelle qu'elle tient de la loi.

'IV. — En cas de séparation de corps, la garde des enfants doit être réglée conformément à l'art. 302. Si la femme a obtenu la séparation, conformément à l'art. 373, seul, si c'est le mari qui l'a obtenue.

V. — Les père et mère naturels n'ont pas la tutelle légale de leurs enfants naturels reconnus.

VI. — La mère n'a besoin de l'assistance de personne pour l'exercice de son droit de grâce.

VII. — Le père ne peut se pourvoir contre l'ordonnance du président qui refuse la détention par lui requise, ou réduit la durée de cette détention.

VIII. — La mère, qui perd le droit de correction comme mère par son second mariage, le conserve comme tutrice si elle est maintenue dans la tutelle.

DROIT COMMERCIAL

I. — Le fils peut assigner son père en déclaration de faillite.

II. — Le père qui a autorisé son fils à faire le commerce, peut révoquer cette autorisation.

DROIT PÉNAL

I. — Le père est responsable des délits et quasi-délits de son fils qui sont la conséquence d'une éducation vicieuse.

II. — Le père ou la mère, qui tombe sous l'application de l'art. 335 du Code pénal, ne perd les droits énumérés dans cet article, que sur l'enfant vis-à-vis duquel il s'est rendu coupable.

DROIT DES GENS

I. — La règle *locus regit actum* n'est obligatoire qu'à l'égard des agents diplomatiques qui ne jouissent pas du privilége d'exterritorialité.

II. — Les Français en pays étranger peuvent tester dans la forme authentique, ou suivant les formes usitées dans le lieu où l'acte est passé, ou devant les chanceliers des consulats, suivant les formes françaises.

III. — Les croiseurs belligérants n'ont pas le droit de visiter les navires neutres escortés par un ou plusieurs bâtiments de guerre de leur nation.

Vu par le doyen :
G. COLMET DAAGE.

Vu par le président de la thèse,
J. E LABBÉ.

Vu et permis d'imprimer,
Le vice-recteur de l'Académie de Paris,
MOURIER

PARIS-VAUGIRARD. — TYPOGRAPHIE N. BLANPAIN, 7, RUE JEANNE.

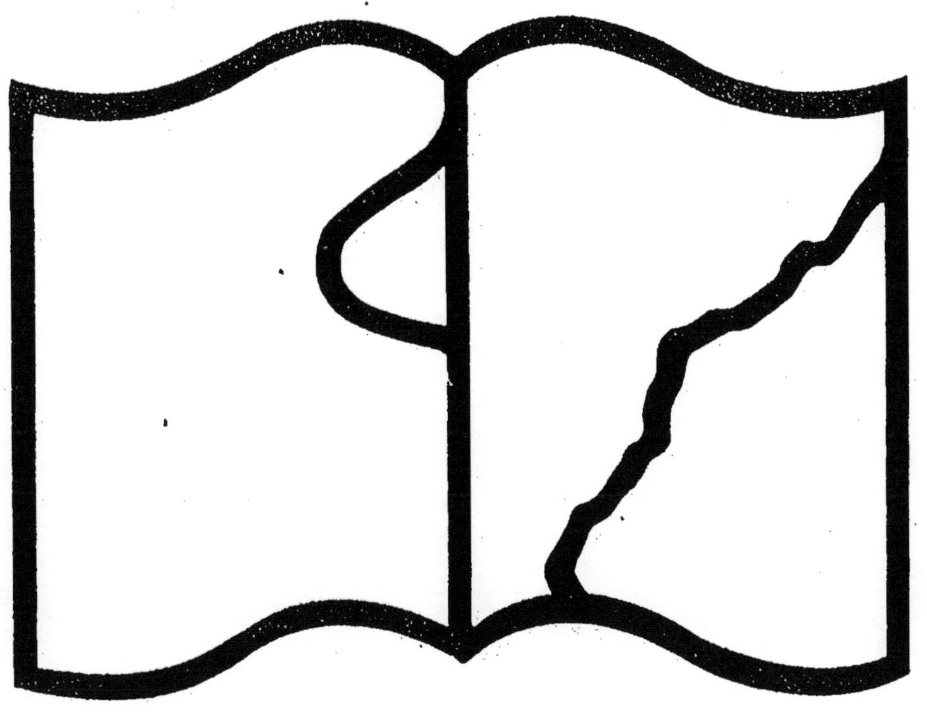

Texte détérioré — reliure défectueuse

NF Z 43-120-11

www.ingramcontent.com/pod-product-compliance
Ingram Content Group UK Ltd.
Pitfield, Milton Keynes, MK11 3LW, UK
UKHW021229140726
13695UKWH00002B/838